FRAGMENS HISTORIQUES

1688 ET 1830.

PARIS.—IMPRIMERIE DE Ve DONDEY-DUPRÉ,
Rue Saint-Louis, 46, au Marais.

Château de Ham-Extérieur Nord-Ouest.
Février 1841.
D. Conneau.

1688 ET 1830

PAR LE PRINCE

NAPOLÉON LOUIS BONAPARTE

ADMINISTRATION DE LIBRAIRIE,
RUE NEUVE-BOURG-L'ABBÉ, 6.
—
1841

FRAGMENS HISTORIQUES

1688 ET 1830.

AVIS DE L'EDITEUR.

Lorsque nous avons sollicité l'honneur d'éditer les écrits du prisonnier de Ham, alors qu'il habitait l'Angleterre, aucune pensée politique ne nous a guidé ; nous n'avons vu dans le prince Napoléon que le publiciste distingué auquel la Suisse devait des *Considérations sur son organisation constitutionnelle* et sur *la défense de son territoire;* la science militaire, le *Manuel d'artillerie;* l'histoire, les *Idées napoléoniennes,* qui ont été traduites dans toutes les langues, en anglais, en allemand, en italien, en espagnol, en portugais, en russe, et dont quatre éditions s'écoulèrent en France avec la rapidité de la pensée.

Les *Fragmens historiques* que nous livrons aujourd'hui aux méditations de la *France* sont tout à la fois l'œuvre de l'historien consciencieux et de l'homme d'état ; le prince Napoléon, en mettant en regard 1688 et 1830, renverse toutes les idées prêchées par l'école doctrinaire; pour lui, ces deux grandes convulsions sociales sont divergentes dans leurs causes comme dans leurs résultats.

Pour l'Angleterre, 1688 fut le commencement d'une ère de prospérités et de grandeurs;

Pour la France, 1830 est le commencement d'une ère de sacrifices et de commotions dont nul ne peut prévoir le terme!...

La lettre qui accompagnait le manuscrit, qui nous a été envoyé de *Ham,* explique trop bien les circonstances de sa publication pour que nous ayons besoin d'entrer dans plus de détails à cet égard. Nous nous bornerons à transcrire la lettre du prince.

Citadelle de Ham, 12 mai 1841.

« Monsieur,

» Je profite de la visite que j'ai reçue de
» M. Frère, un ancien et fidèle serviteur de l'Em-
» pereur, pour vous envoyer un écrit que j'ai ré-
» digé pendant les longues heures de ma captivité.

. . . .

» La raison qui m'engage à livrer à l'impression
» ces réflexions historiques, est le désir de prou-

» ver que je ne suis pas tel que mes ennemis ont
» voulu me dépeindre, un de ces débris des dynas-
» ties déchues qui n'ont conservé de leur ancien
» rang que de ridicules prétentions, et que les évé-
» nemens ont vieilli sans instruire.

» Faible rejeton de ce chêne immense qu'on a
» abattu sans pouvoir en extirper du sol français les
» puissantes racines, ma seule force est dans l'es-
» time de mes concitoyens, et ma seule consolation
» dans la pensée de m'en être toujours rendu digne.

. . . .
. . . .
. . . .

» Recevez. . . .

» Napoléon-Louis BONAPARTE. »

PRÉFACE.

En livrant à la publicité cet extrait de mes études historiques, j'obéis au désir de repousser d'injustes attaques par le simple exposé de mes convictions et de mes pensées.

Je n'ignore pas que le silence convient au malheur; il est inutile au vaincu de refaire à la fortune le procès qu'il a subi de la part des hommes; cependant, lorsque les vainqueurs ont abusé de leur victoire au point de s'en venger comme d'une défaite, appelant à leur aide la calomnie et le mensonge, ces armes de la faiblesse et de la peur, la résistance devient un devoir, et se taire serait lâcheté.

Loin de moi l'idée de recommencer une polémique où les passions luttent toujours avec plus de succès que la raison; il me suffit, pour venger mon honneur, de prouver que si je me suis embarqué audacieusement sur une mer orageuse, ce n'est pas sans avoir d'avance médité profondément sur les causes et les effets des révolutions, sur les écueils de la réussite comme sur les gouffres du naufrage.

Pendant qu'à Paris on déifie les restes mortels de l'empereur, moi, son neveu, je suis enterré vivant dans une étroite prison ; mais je me ris de l'inconséquence des hommes, et les humiliations qu'on m'inflige, comme les mauvais traitemens dont je suis l'objet, flétrissent leurs auteurs bien plus qu'ils ne me touchent. Soutenu par une foi ardente et une conscience pure, je m'enveloppe dans mon malheur avec résignation, et je me console du présent en voyant l'avenir de mes ennemis écrit en caractères ineffaçables dans l'histoire de tous les peuples.

Citadelle de Ham, le 10 mai 1841.

CHAPITRE PREMIER.

EXPOSÉ.

EXPOSÉ.

L'Angleterre, en 1649, a été ébranlée par une grande révolution ; la tête d'un roi a roulé sur l'échafaud, la république fut proclamée, elle dura onze ans (1).

En 1660, le fils du roi décapité fut ramené en triomphe dans Londres.

Charles II régna un quart de siècle ; mais il laissa (1685) à son frère un pouvoir chancelant, que Jacques II ne put conserver que trois années.

Enfin, en 1688, une nouvelle révolution vint s'é-

(1) La république fut proclamée en 1649 ; le protectorat fut établi en 1653 ; Cromwell mourut en 1658. Deux ans après sa mort eut lieu la restauration.

tablir comme médiatrice entre tous les partis qui, depuis quarante-huit ans, divisaient l'Angleterre.

En France aussi, nous avons eu une révolution qui a renversé l'ancien régime ; un échafaud, une république, un empire, une restauration, et une nouvelle révolution ; mais l'année 1830, à l'instar de l'année 1688, serait-elle envisagée, par les générations futures, comme le commencement d'une nouvelle ère de gloire et de liberté ? Telle est la question qui nous intéresse tous.

Il nous serait facile de rejeter de prime-abord la comparaison des événemens qui eurent lieu dans les deux pays, et de montrer qu'il n'y a que les squelettes de ces deux histoires qui se ressemblent. Il nous serait facile de prouver qu'à l'origine des deux premières révolutions, la société anglaise était bien différente de la société française. Il nous serait facile de prouver que l'empire, monument impérissable de gloire civile et militaire, ne ressemble en rien au pouvoir sanglant et fanatique de Cromwell, et qu'enfin la restauration des Bourbons diffère, sous beaucoup de rapports, de la restauration des Stuart. Mais, à l'exemple de tant d'écrivains recommandables, nous passerons sur toutes ces dissemblances, et nous admettrons un moment la similitude des deux dernières époques, afin de juger si les causes qui ont consolidé la révolution de 1688 consolideront aussi la révolution de 1830.

La vie des peuples se compose de drames complets et d'actes isolés. Lorsqu'on embrasse dans leur ensemble les événemens du drame, on découvre la raison de tous les faits, le lien de toutes les idées, la cause de tous les changemens; mais si l'on ne considère que les actes partiels, ces grandes convulsions sociales n'apparaissent plus que comme l'effet du hasard et de l'inconséquence humaine.

En rapprochant les périodes détachées de l'histoire de la Grande-Bretagne, sans envisager leur rapport philosophique, on voit le peuple anglais adorer le pouvoir absolu d'Élisabeth, et renverser le pouvoir moins arbitraire de Charles Ier. On le voit se révolter contre ce prince pour la levée illégale de quelques impôts, et se laisser ensuite taxer et gouverner, sans contrôle et sans droit, par le Long-Parlement et Cromwell (1). On le voit enfin, de son libre arbitre, venir abjurer la révolution aux pieds de Charles II,

---

(1) Nous disons *sans droit*, parce que ni le Long-Parlement ni Cromwell ne firent légitimer leur pouvoir par une élection libre.

pour, plus tard, maudire son règne et renverser son frère.

Que de contradictions cet aperçu superficiel des faits ne semble-t-il pas contenir! et cependant, si nous embrassons d'un coup d'œil tout le drame historique qui commença au seizième siècle, et dont le dénoûment n'eut lieu qu'à la fin du dix-septième, nous verrons que la nation anglaise a toujours voulu la même chose, et qu'elle ne s'est reposée que lorsqu'elle a atteint le terme de ses désirs, le but de ses volontés.

Depuis le seizième siècle, les Anglais voulaient trois choses :

Premièrement, et avant tout, l'affermissement de leur réforme religieuse, qui représentait chez eux tous les intérêts nationaux.

Secondement, la prépondérance de leur marine, et, par conséquent, l'accroissement de leur influence sur le continent.

Troisièmement, l'entier usage de leurs libertés.

Élisabeth assura le triomphe de la cause du protestantisme, elle augmenta la gloire nationale. Sa mémoire fut bénie.

Les Stuart froissèrent également les trois grandes

volontés de la majorité anglaise. Ils tombèrent.

La république et Cromwell cachèrent, à l'abri de la dignité nationale, leurs vues despotiques et exclusives. Ils passèrent.

Guillaume III seul assura à la fois la religion, la gloire et les libertés de son pays. Il consolida son ouvrage.

Ainsi donc, ce n'est pas le hasard qui règle les destinées des nations, ce n'est pas un accident imprévu qui renverse ou qui maintient les trônes; il y a une cause générale qui règle les événemens et les fait dépendre logiquement les uns des autres.

Un gouvernement peut souvent violer impunément la légalité, et même la liberté; mais, s'il ne se met pas franchement à la tête des grands intérêts de la civilisation, il n'a qu'une durée éphémère, et cette simple raison philosophique, qui est la cause de sa mort, est appelée *fatalité*, lorsqu'on ne veut pas s'en rendre compte.

Attribuer à des événemens secondaires la chute des empires, c'est prendre pour la cause du péril ce qui n'a servi qu'à le déclarer.

Il a fallu à l'Angleterre près d'un siècle de luttes de la société contre les mauvaises passions du pouvoir, et du pouvoir contre les mauvaises passions de la société, pour bâtir cet immense *édifice anglais* que nous avons combattu, que nous avons haï, mais que nous ne pouvons nous empêcher d'admirer.

La cause nationale eut ces obstacles opposés à surmonter, parce qu'elle se divisa dès qu'elle ne fut plus conduite par cet esprit élevé qui animait Élisabeth, et elle fut ou trahie par la tyrannie, qui est l'erreur du vice, ou égarée par le fanatisme, qui est l'erreur de la vertu.

C'est que, dans tous les pays, les besoins et les griefs du peuple se formulent en idées, en principes, et forment les partis.

Ces associations d'individus qui naissent d'un mouvement commun, mais d'esprits différens, ont chacun leurs défauts et leurs passions, comme ils ont aussi chacun leur vérité. Pressés d'agir par la fermentation sociale, ces partis se heurtent, se détruisent réciproquement, jusqu'à ce que la vérité nationale, se formant de toutes ces vérités partielles, se soit élevée, d'un commun accord, au-dessus des passions politiques.

Pour que cette cause nationale se consolide, il

faut qu'elle ait au pouvoir un représentant qui n'ait d'autres intérêts que les siens.

Pour l'Angleterre, il n'y a aucun doute qu'avec ses antécédens et son organisation, la révolution de 1688 n'ait été, à la fin du dix-septième siècle, l'expression sincère de cette vérité nationale, et Guillaume III son véritable représentant. La preuve, c'est que cette révolution a donné, jusqu'à nos jours, à l'Angleterre, cent cinquante trois années de prospérité, de grandeur et de liberté.

La révolution de juillet donnera-t-elle à la France les mêmes avantages? A l'avenir à répondre à cette question. Quant à nous, sans vouloir percer les secrets de la Providence, contentons-nous d'examiner les causes et les effets de ces grands drames politiques, et de chercher dans l'histoire du passé quelques consolations à nos maux, quelque espoir pour notre patrie.

CHAPITRE II.

RÉVOLUTION DE 1688.

JACQUES II. — GUILLAUME III.

Comme tous les pays qui ont été labourés par plusieurs révolutions successives, l'Angleterre, sous Jacques II, était livrée au doute et à l'abattement; tous les caractères semblaient usés, tous les principes confondus. Comment pouvait-il en être autrement, quand, en moins de cinquante ans, on avait changé tant de fois de systèmes, sans remédier aux maux de la société?

En 1640, le parlement avait admis en principe que la nation peut défendre ses droits contre les entreprises du roi; en 1649, il avait reconnu que dans la nation seule réside le pouvoir souverain; en 1661, il avait décidé que le pouvoir est entièrement et exclusivement dans les mains du roi.

La première déclaration avait amené une révolution, la seconde une usurpation, la troisième une tyrannie.

L'esprit public flottait incertain entre tous ces souvenirs, qui lui rappelaient de combien l'élan avait dépassé le but.

Fatiguée des guerres civiles, désabusée et du mysticisme des partis, et de l'excellence du pouvoir royal, l'Angleterre n'avait conservé de ses luttes qu'une haine et qu'un amour : la haine du papisme (1) et l'amour de sa puissance.

(1) En traçant les principaux faits des révolutions d'Angleterre, on éprouve au premier abord une répugnance naturelle, quand on est né catholique, à traiter avec mépris les hommes qui soutinrent cette religion dans la Grande-Bretagne ; mais, en examinant les choses de plus près, on voit qu'il est juste d'en vouloir à ces hommes qui, par un zèle aveugle et par une conduite inconsidérée, compromirent et dépopularisèrent, en Angleterre, la véritable doctrine du Christ, en en faisant une question de parti et une arme de leur passion. Leur conduite doit être flétrie ; car jamais la religion catholique ne s'était trouvée dans une situation aussi favorable qu'en Angleterre, pour dominer par la pureté de ses principes et l'influence de sa morale. Persécutée par le pouvoir royal, elle devait suivre l'exemple de l'aristocratie, et se venger de son oppression en se mettant à la tête des libertés nationales. Sa position était admirable pour agir ainsi ; car elle était indépendante du pouvoir temporel, ne reconnaissant pour chef que le chef de l'Église universelle, tandis que les anglicans ne tenaient plus leurs droits et leurs pouvoirs que du droit et du pouvoir du chef de l'État. Mais, aveuglé par des intérêts mondains, le clergé catholique se perdit en

En qui pouvait-elle mettre sa confiance, quand, dans l'espace ordinaire d'une vie d'homme, elle avait été trompée par tous ceux qu'elle avait aimés?

Le Long-Parlement avait usurpé ses droits et engendré la guerre civile; les presbytériens avaient été aussi intolérans que les catholiques et que les anglicans; ils n'avaient rien su prévoir et rien su fonder. Les indépendans n'avaient produit que despotisme militaire et anarchie. Le roi n'avait ramené de l'exil que réaction et arbitraire. Enfin le peuple avait cru, sous Charles II, au patriotisme des chefs de l'opposition parlementaire, et ces chefs étaient la plupart des ambitieux sans conviction, ou des hommes vendus à l'étranger (1).

---

s'alliant aux oppresseurs du peuple au lieu de s'allier aux opprimés.

Tout esprit éclairé voyait si clairement que les Stuarts perdaient la religion, que le pape Innocent XI témoignait hautement son mécontentement de la conduite imprudente de Jacques II, et les cardinaux de Rome disaient en plaisantant « qu'il fallait excommunier Jac- » ques II, comme un homme qui allait perdre le peu de catholicisme » qui restait en Angleterre. » Mais ce qui n'est pas moins remarquable, c'est que le prince d'Orange, chef de la ligue protestante, réunit en sa faveur, contre un souverain catholique, le pape, et l'Espagne, et l'empereur d'Allemagne; ce qui prouve qu'on s'allie toujours à une cause noblement et franchement défendue, tandis qu'on déserte même une cause amie, lorsqu'elle est conduite par la sottise et la lâcheté.

(1) Les dépêches de Barillon prouvent qu'un grand nombre de mem-

Le doute devait donc régner dans les esprits, et la nation préférer se laisser aller au hasard des événemens plutôt que de risquer de se tromper encore en les créant elle-même : c'est ce qui explique les acclamations presque universelles qui accueillirent l'avénement de Jacques II. On oublia les préventions qui existaient sous le règne précédent contre le duc d'York, parce qu'il était plus facile, pour des âmes découragées, d'oublier que de haïr; et on se prit à espérer par lassitude, comme on avait espéré par enthousiasme.

Jacques II ne manqua pas de prodiguer les promesses qui devaient flatter le sentiment national. « J'ai autrefois, disait le roi dans sa première ha-
» rangue, hasardé ma vie pour la défense de la na-
» tion, et je suis aussi prêt que personne à m'expo-
» ser encore pour lui conserver ses justes droits et
» ses libertés (1). »

« On répétait partout, en 1685, nous avons au-
» jourd'hui un roi plein de valeur et de dignité, qui
» va faire respecter la nation au dehors, qui l'élèvera

---

bres du parlement anglais recevaient des présens ou de l'argent de la France. Hume cite les noms de seize d'entre eux, tom. X, pag. 55.

(1) Hume, tom. X, pag. 263.

» au plus haut degré de gloire et de puissance, et
» qui surtout saura bien s'opposer aux prétentions
» de Louis XIV, et humilier son orgueil (1). »

Mais Jacques II était un de ces hommes qui précipitent les catastrophes au lieu de les retarder. Pendant son exil il avait abjuré la religion de ses pères, et toutes ses idées, toutes ses convictions étaient opposées à celles du peuple anglais. Il se trouvait dans la nécessité d'être parjure envers la nation ou envers lui-même, et cette communauté de sentimens qui engendre la confiance n'existant pas entre eux, la dissimulation et la violence devaient être les seuls soutiens de son autorité.

Le premier acte de Jacques II fut de demander des subsides à un roi étranger (2). Il viola ses promesses, commit des actes arbitraires, favorisa ouvertement la religion catholique, et ne se servit du parlement que pour couvrir du manteau de la légalité ses desseins tyranniques.

Le duc de Monmouth, fils naturel de Charles II, connaissait l'esprit public, et était aimé du peuple; un parti considérable avait même voulu le faire re-

(1) Boulay (de la Meurthe), *Histoire de Jacques II*, tom. II, pag. 5.
(2) Mazure, *Hist. de la Révolut.* de 1688, tom. I, pag. 395.

connaître comme héritier de la couronne, au détriment du duc d'York.

Exilé dans les Pays-Bas, le duc de Monmouth crut qu'il ne fallait pas laisser à Jacques II le temps d'accomplir ses projets liberticides, et résolut de le renverser dès la première année de son règne.

Confiant dans son courage et dans la bonté de sa cause, il débarqua à Lime, dans le Dorsetshire, suivi seulement de quatre-vingt-deux hommes. Dès que le peuple eut connaissance de ses proclamations, il accourut en foule sous ses drapeaux, et déjà son armée montait à plusieurs milliers d'hommes, lorsqu'elle fut mise en déroute à Sedgmoore; lui-même fut fait prisonnier, conduit à Londres et exécuté.

Jacques II, effrayé du danger que lui avait fait courir une expédition qui avait manqué de soulever tout le pays contre lui, ne se contenta pas de frapper les vaincus avec toute la sévérité des lois, il voulut encore se venger en répandant sur le malheureux duc les bruits qui pouvaient le plus entacher sa mémoire (1). C'était trop cependant de lui arracher à

(1) Dans une dépêche de Barillon, ambassadeur de France, à Louis XIV, il est dit ce qui suit : *La cour fait répandre tout ce qui peut altérer la mémoire du duc de Monmouth dans l'esprit des anglicans et du peuple.* Mazure, *Histoire de la révolution de* 1688, tom. II, p. 9.

la fois et la vie et l'honneur ; *mais rien n'irrite plus un pouvoir impopulaire que de voir qu'un ennemi vaincu soit encore un danger !*

L'entreprise du duc de Monmouth flattait tous les intérêts du peuple anglais ; pourquoi donc ne réussit-elle pas ? Était-il donc irrévocablement écrit dans les destins de l'Angleterre qu'il fallait que vingt-huit ans s'écoulassent après la restauration avant qu'un gouvernement national pût s'établir ? Vingt-cinq ans n'avaient-ils pas suffi pour raffermir les croyances et retremper les courages ?

Cependant la mort du duc de Monmouth ne fut pas inutile ; il avait frayé le chemin par où, trois ans plus tard, Guillaume devait marcher.

La répression de cette révolte et de la tentative du comte d'Argyle, qui avait eu lieu quelque temps auparavant en Écosse, ne firent qu'augmenter l'aveuglement et la jactance de Jacques. Le don le plus funeste que la Providence puisse faire à un gouvernement qui lutte contre l'esprit national, c'est de lui accorder de faciles victoires ; son triomphe l'enivre, et il prend pour un symptôme de force ce qui n'est qu'une faveur passagère de la fortune.

Jacques II voulut régner comme on combat, en

faisant tantôt de fausses attaques, tantôt de fausses retraites, pour tomber sur ses ennemis, qui étaient ses sujets, quand il croyait être parvenu à les diviser.

Pour accomplir ses coupables projets, il appelait tour à tour à son aide l'arbitraire ou la liberté; mais l'opinion publique ne le suivant jamais dans ses entreprises, il ne pouvait faire croire ni à sa force ni à sa tolérance.

L'opposition se manifesta bientôt dans les chambres, dans la noblesse, dans le clergé. Comme tous les pouvoirs qui s'en vont, il voulut remplacer la force morale qui l'abandonnait par la force matérielle, et il ne s'appuya plus que sur les conseils d'un ambassadeur étranger et sur son armée permanente, qu'il avait portée au chiffre immense pour l'Angleterre de quarante mille hommes (1).

Mais l'armée est une épée qui a la gloire pour poignée; Jacques II ne pouvait la manier.

L'Angleterre voyait avec anxiété la marche imprudente du roi, qui foulait aux pieds ses libertés, sa religion, ses priviléges municipaux et universi-

(1) Mazure, *Histoire de la révolution de* 1688, tom. III, pag. 134.

taires, et qui abandonnait en même temps sa gloire et sa prépondérance au dehors.

Cependant tout restait dans l'ordre, tant est grande dans les sociétés malades cette force d'inertie qui résiste aux changemens. Le peuple avait bien des larmes pour ceux qui échouaient dans leurs entreprises contre le gouvernement; il avait bien des applaudissemens et des cris d'allégresse pour ceux qui échappaient par l'acquittement du jury aux vengeances du pouvoir (1); mais il était trop fatigué et trop divisé pour se secourir lui-même.

L'Angleterre allait-elle donc périr? tant de sang répandu pour la liberté, tant d'efforts généreux pour assurer les progrès de la civilisation, ne devaient-ils aboutir qu'au despotisme et à la honte? On sentait qu'un tel résultat était impossible, sans cependant deviner de quel côté viendrait le salut.

On ne resta pas long-temps sans l'apercevoir.

Il existait en Hollande un homme qui, à l'âge de vingt-deux ans, avait sauvé son pays contre les flottes réunies de la France et de l'Angleterre, contre les armées commandées par les Turenne, les Condé, les

---

(1) Acquittement des évêques; popularité des accusés du régiment de Berwick.

Luxembourg, les Vauban, et qui l'avait sauvé par la seule énergie de son âme. Alors que tout le monde désespérait du salut des Provinces-Unies, lui seul, comptant sur le dévouement populaire, avait répondu aux ambassadeurs étrangers, qui lui offraient une paix honteuse : « *Je défendrai ma patrie jusqu'à mon dernier soupir, et je mourrai dans le dernier retranchement.* »

Guillaume, prince d'Orange, se trouvait en Europe le chef de la ligue protestante : il avait donc un double titre à l'admiration des Anglais, son caractère et sa religion. Depuis son mariage avec la fille ainée de Jacques II, alors duc d'York, il s'occupait activement des intérêts de la Grande-Bretagne.

Les faits qui se passaient tous les jours sous ses yeux lui disaient hautement quel était son devoir, et ce que l'Angleterre attendait de lui. Pénétré de cette conviction profonde, qui seule inspire les grandes choses, il résolut de faire une descente dans ce pays et de le délivrer du joug qui l'opprimait.

Quelles furent, dans d'aussi graves circonstances, les raisons qui le décidèrent à tenter une entreprise si périlleuse pour sa gloire s'il n'eût pas réussi? L'ambition personnelle, répondront ceux qui veulent sans cesse rabaisser les grands dévouemens, en ne prêtant aux hommes que des sentimens vulgaires et des passions sordides. Non, de plus hautes pensées président aux grandes actions.

Guillaume dut se dire : Je représente sur le continent la cause protestante, qui s'appuie sur la liberté ; cette cause a pour elle la majorité de la nation anglaise. Opprimée, j'irai la défendre. A la tête de quelques troupes, je passerai le détroit en dépit des flottes de Louis XIV, et je me présenterai à l'Angleterre comme libérateur. La révolution que j'opérerai au moyen de mon armée aura cet avantage que, sans danger pour le repos du pays, la volonté nationale pourra se manifester librement; car j'aurai la force de contenir toutes les mauvaises passions qui surgissent toujours dans les convulsions politiques. Je renverserai un gouvernement, en gardant intact le prestige de l'autorité ; j'établirai la liberté sans désordre, et le pouvoir sans violence. Pour justifier mon initiative et mon intervention personnelle dans une lutte si grave, je ferai valoir pour les uns mon droit héréditaire, pour les autres mes principes, pour tous les intérêts communs du protestantisme et le besoin de s'opposer à l'agrandissement de la

France ; mais je n'accepterai rien que du vote libre de la nation, car on n'impose jamais sa volonté ni sa personne à un grand peuple !

Telles furent les idées qui guidèrent Guillaume, car toutes les actions de sa vie furent l'application de ces principes.

Le 10 octobre 1688, le prince d'Orange publia un manifeste qui contenait l'énumération des principaux abus du gouvernement de Jacques. Il en résultait la preuve évidente que Jacques II avait vendu à l'étranger l'honneur et l'intérêt anglais, et qu'il voulait détruire les lois et la religion du pays.

Le prince se présentait comme appelé par un grand nombre des membres du clergé, de la noblesse, et par le vœu du peuple. Il prétendait que les droits de sa femme et les siens propres lui imposaient l'obligation de veiller à la sûreté de la constitution et de la religion. Son unique intention était de réparer les atteintes qui leur avaient été portées, et de mettre la nation en mesure de se faire justice. Pour cela il fallait un *parlement libre*, formé, non d'après les nouvelles chartes qui avaient privé les villes et les bourgs de leurs droits, mais d'après les anciens statuts et usages ; car il ne venait pas en conquérant, mais dans le seul but de seconder le vœu national (1).

Rarement les grandes entreprises réussissent du premier coup; on dirait qu'il faut qu'elles s'aiguisent d'abord contre des obstacles de tout genre.

Guillaume, après avoir embarqué son armée expéditionnaire au Texel, le 30 octobre, fut repoussé par une affreuse tempête qui dispersa sa flotte et lui fit perdre les ressources principales sur lesquelles il comptait; mais rien ne pouvait abattre sa persévérance. Il se rembarqua le 12 novembre, et le 15 il touchait à Torbay le sol de l'Angleterre. Son étendard portait ces belles paroles pour tout cœur anglais : « *Je maintiendrai la religion protestante et les libertés de l'Angleterre.* »

Il tint parole.

Jacques, en apprenant le débarquement de Guillaume, ouvrit les yeux, révoqua une partie des mesures injustes et arbitraires qu'il avait fait exécuter, et désavoua son alliance avec Louis XIV; mais le jour était venu où les concessions ne sont plus qu'un signal de détresse, et où les rois ne reconnaissent leurs fautes que pour les expier.

(1) Boulay (de la Meurthe), *Histoire de Jacques II*, pag. 147.

Le prince d'Orange arriva à Londres sans obstacles.

Les familles les plus distinguées avaient des comptes terribles à demander à Jacques, la nation des griefs puissans à faire valoir, et l'armée ne pouvait rester fidèle à un gouvernement qui avait fait cause commune avec les ennemis de son pays.

Le cri de ralliement du peuple anglais était : Un parlement libre, point de papisme, point d'esclavage!

Jacques s'enfuit, puis revint à Londres, puis s'enfuit encore pour éviter d'être conduit dans le château de Ham (1), où Guillaume et son conseil avaient résolu de reléguer le souverain déchu.

Le prince d'Orange a réussi. Abusera-t-il de son triomphe et du premier enthousiasme du peuple pour son libérateur?

Guillaume n'est point venu prendre une couronne d'assaut, il est venu consolider les destinées de l'Angleterre. D'ailleurs il a détruit le principe regardé inviolable et sacré de l'hérédité; il ne lui est possible de le combattre que par un autre principe, la souveraineté du peuple. On ne peut remplacer un droit acquis et reconnu qu'en lui opposant un autre droit

(1) Maison particulière située près de Londres, sur les bords de la Tamise.

légalement acquis et légalement reconnu. Il ne manquait pas cependant de conseillers qui lui disaient de s'emparer du pouvoir par droit de conquête, comme l'avait fait Guillaume le Conquérant, oubliant sans doute que six cents ans de civilisation avaient mis la force dans le droit national bien plus que dans l'épée. D'autres aussi le pressaient de saisir la couronne, en lui représentant les dangers de l'anarchie, ce fantôme complaisant qui sert toujours d'excuse à la tyrannie.

Guillaume resta inébranlable; il ne voulait pas usurper.

Les pairs et les évêques présens dans la capitale s'étaient assemblés à Westminster, et avaient formé une espèce de gouvernement provisoire. Ils lui présentèrent une adresse pour l'inviter à prendre momentanément les rênes du gouvernement; mais accepter des mains seules de l'aristocratie un pouvoir, même temporaire, n'était pas dans les vues de Guillaume. Il rassembla aussitôt tous les membres des deux derniers parlemens tenus sous Charles II, parce que ces parlemens seuls étaient estimés libres, la chambre des communes de Jacques ayant été élue sous l'empire de la loi qui violait la liberté des élections ; il leur adjoignit le lord-maire, les aldermen, et cinquante membres de la municipalité de Londres (1), et après les avoir réunis à la chambre haute, il les engagea à prendre les mesures les plus efficaces pour convoquer un parlement libre, comme le portait sa déclaration. Après avoir délibéré, ces deux chambres se rendirent à Saint-James (2), et prièrent le prince d'Orange d'accepter le gouvernement jusqu'à la convocation d'une assemblée nationale (3).

Guillaume ainsi autorisé par tous ceux qui pouvaient dans les premiers momens représenter la nation de la manière la plus légale, se chargea provisoirement de l'administration civile et militaire du royaume, et envoya partout des lettres circulaires pour qu'il fût procédé aux élections conformément aux anciens statuts et usages. Les troupes furent éloignées de tous les lieux où ces élections devaient se faire ; le plus grand ordre y régna comme la plus

---

(1) Hume, tom. X, p. 370.

(2) Le prince d'Orange resta au palais de Saint-James jusqu'au jour où la convention vint lui déférer la couronne dans la salle des festins de White-Hall, qui était alors la résidence royale.

(3) Voyez, *Pièces à l'appui*, l'adresse des chambres au prince d'Orange.

grande liberté; et le 2 février le parlement, qui prit le nom de convention, se réunit pour procéder légalement aux destinées de l'Angleterre.

Dans cette assemblée toutes les questions fondamentales furent librement agitées et longuement discutées. On adopta comme principe fondamental qu'il existait un contrat originel entre le roi et le peuple, que Jacques II l'avait violé, que le trône était vacant, et que Guillaume et Marie seraient élus roi et reine de la Grande-Bretagne, mais qu'au prince seul serait déférée l'administration.

Pendant ces graves délibérations qui durèrent près d'un mois, le prince d'Orange avait gardé une neutralité complète. Considérant comme son unique devoir de maintenir l'ordre, il avait même réprimé une pétition portée en tumulte au parlement, quoiqu'elle fût en sa faveur(1). Plein de réserve et de dignité, il était resté impassible au milieu des passions qui s'agitaient, et n'était entré dans aucune intrigue avec les électeurs ni avec les membres du parlement; on lui reprochait même des manières sèches et peu prévenantes envers ceux dont il pouvait espérer l'appui; mais la grande âme de Guillaume dédaignait une po-

(1) Hume, tom. X, p. 381.

pularité qui ne s'acquiert que par des bassesses.

Il ne rompit le silence que sur la fin des délibérations, et annonça que si le pouvoir ne lui était pas déféré de manière à satisfaire ses vues et sa conscience, il retournerait en Hollande et laisserait la convention arranger ses affaires elle-même, préférant, disait-il, la vie privée à une position qui lui donnerait d'immenses difficultés, tout en le privant des moyens nécessaires pour faire le bien du pays. Déclaration sublime d'un homme de cœur qui ne veut pas régner par amour du rang suprême, mais pour accomplir une mission et pour faire triompher une cause.

La convention n'avait pas cru devoir borner son ouvrage à élire un nouveau roi; elle avait joint à l'acte de reconnaissance de Guillaume une déclaration des droits de la nation anglaise où toutes les garanties que l'on avait réclamées dans les derniers temps étaient sanctionnées, la prérogative royale réduite à de justes bornes et plus exactement définie que jamais (1).

Le prince d'Orange agit envers l'Écosse comme

(1) Voyez, *Pièces à l'appui*, l'adresse de la convention nationale. Ce qui légitima encore la décision de cette assemblée, c'est que le parlement qui lui succéda, en 1690, confirma tous les actes de la convention.

envers l'Angleterre. Il fit convoquer une convention d'après le mode le plus favorable à la liberté des votes. Cette convention lui déféra la couronne sans oublier de proclamer en même temps les droits du peuple. Quant à l'Irlande, elle était en révolte contre l'Angleterre, il alla lui-même la dompter.

Guillaume est légitime souverain du pays, puisqu'il a été élu par le libre suffrage d'une assemblée qui elle-même a été librement élue dans ce but par la nation. Comment va-t-il consolider son trône, lui qui, indépendamment des embarras que rencontre toujours un nouveau gouvernement, sera assiégé par des dangers sans nombre inhérens aux circonstances de l'époque ?

A l'extérieur, il a un ennemi redoutable qui toujours le menace. Jacques II a conservé l'Irlande, et il est soutenu par les armées du plus grand souverain de l'Europe, roi dont les volontés sont presque toujours accomplies, parce qu'il a de grands hommes pour les exécuter. Sur le continent, les alliés de Guillaume réclament son appui contre les envahissemens de Louis XIV.

A l'intérieur, il faut qu'il attire à lui tous les partis, qu'il apaise toutes les haines, qu'il cicatrise toutes les blessures en faisant concourir à ses vues deux chambres composées de tant d'élémens divers.

Ce n'est plus avec un pouvoir illimité comme celui d'Elisabeth, mais avec la liberté, qu'il doit organiser un pays en fermentation et repousser un ennemi qui n'a qu'à dire : *Je veux*, pour être obéi.

Il ne trouve partout que des élémens de troubles et de division. Les républicains voient avec peine son installation, et les partisans de Jacques sont prêts à convertir aux yeux du peuple tous ses malheurs en fautes et toutes ses fautes en crimes.

Les sectes religieuses, qui sont toutes politiques, se haïssent réciproquement ; et, s'il en protége une, il mécontente toutes les autres.

La chambre haute est divisée en deux camps dont chacun brigue le pouvoir, et le parti qui ne gouverne pas se venge de son délaissement par une résistance presque factieuse.

La chambre des communes, quoique composée en grande partie d'hommes favorables à la révolution, est pleine de défiance contre l'autorité royale, et pleine d'esprit de vengeance contre ses propres ennemis. Il faut que Guillaume la rassure et qu'il contienne en même temps ses passions réactionnaires.

Quel moyen emploiera-t-il donc pour surmonter tant de difficultés? Un seul! et il lui réussira.

C'est de rester fidèle à la cause de la révolution qui l'a appelé, et de la faire triompher, à l'intérieur par sa justice, à l'extérieur par son courage.

Admirons dans Guillaume son habileté à unir l'indépendance et la fermeté d'un chef avec la flexibilité d'un roi constitutionnel. Il cède tout ce qu'il peut céder sans déshonneur, et il tient ferme pour tout ce qu'il croit utile au bien du pays qui lui a confié ses destinées.

Si le parlement veut rechercher quelles sont les causes qui ont fait échouer des entreprises importantes, s'il veut acquérir plus d'indépendance, s'il veut qu'on lui soumette les traités ou les négociations diplomatiques, s'il accuse les ministres, s'il blâme les nominations (1), s'il dispute au roi la disposition des biens confisqués en Irlande (2), s'il veut même, par jalousie du pouvoir militaire, que Guil-

(1) Le parlement se plaignit de ce que le roi n'avait pas nommé à des emplois de juges de paix des hommes d'une position assez élevée.
(2) Hume, tom. XI, pag. 397.

laume se sépare de ses vieux bataillons qui l'ont assisté dans tous ses combats (1), le roi cède ; mais à son tour, le chef politique est inébranlable lorsqu'il s'agit de l'honneur national ou de quelque grande mesure de justice.

A l'extérieur, on aime à voir sa persévérance à soutenir, malgré des revers nombreux et une opposition factieuse, une lutte acharnée contre les ennemis de son pays, jusqu'à ce qu'il ait obtenu une paix avantageuse.

A l'intérieur, on aime à voir sa constance et sa fermeté lorsque, ayant proposé un bill d'amnistie générale qui est rejeté par le parlement, il promulgue un acte de grâce qui doit avoir le même effet conciliateur; lorsque, dans le but d'unir les partis, il fait adopter un bill qui abolit les peines portées par des lois antérieures contre les non-conformistes; lorsque, dans la même pensée, il presse le parlement, à plusieurs reprises, de réunir en une seule église les presbytériens et les anglicans (2), ce qui eût confondu

---

(1) Hume, tom. XI, p. 381.
(2) Les communes, guidées par un esprit d'intolérance, repoussèrent cette dernière mesure, qui était cependant dans les intérêts de la révolution.

dans les mêmes dogmes religieux l'immense majorité de la nation ; lorsque enfin il s'oppose sans cesse aux mesures de rigueur qu'on lui proposait contre les catholiques (1), et qu'il oublie les offenses et pardonne les injures.

Puisant toute sa force dans la gloire nationale, Guillaume fut toujours assez fort pour être juste ; tandis que Jacques II n'avait fait qu'irriter la nation par sa déclaration en faveur de la liberté de conscience, parce qu'on crut qu'à l'abri de cette liberté, il voulait protéger le catholicisme ; Guillaume, au contraire, affermit son pouvoir par la tolérance. Le peuple ne supposait pas d'arrière-pensée au souverain, qui avait les mêmes intérêts que lui.

Dès les premiers momens de son règne, le roi montra sa sollicitude pour le bien du peuple en faisant abolir l'impôt sur les feux, qui était très-vexatoire pour les classes pauvres. Il fit preuve d'une grande impartialité en nommant les nouveaux juges, et en faisant tomber son choix sur les hommes les plus estimés et les plus indépendans.

(1) Lorsque la députation de la convention d'Écosse vint apporter à Guillaume sa déclaration, elle lui dit, entre autres choses, qu'elle espérait qu'il détruirait l'hérésie, il l'interrompit pour déclarer qu'il n'entendait pas persécuter.

Cependant il y eut alors, comme après tous les grands changemens politiques, des ambitions déçues, des intérêts froissés qui eurent recours aux conspirations pour tenter de renverser le nouveau gouvernement. Mais remarquons que ce ne furent jamais les hommes de la révolution qui employèrent ces moyens violens, quoiqu'il y eût alors une opinion opposée au nouveau régime qu'on appelait républicain ou révolutionnaire (1) : ce parti se tint tranquille, ce qui prouve que, s'il n'envisageait pas la cause de Guillaume comme la science propre, il trouvait cependant qu'elle garantissait les intérêts communs contre les mêmes ennemis.

Lorsqu'on intenta des procès politiques, les accusés ne furent jamais soustraits à leurs juges naturels. Quelquefois le parlement porta des *bill d'attainder*; mais ce n'était pas alors la première chambre du pays qui descendait au triste rôle de tribunal exceptionnel; c'était la représentation nationale entière qui, par leur sentence, voulait montrer leur attachement au gouvernement et leur haine pour tout ce qui menaçait son existence.

On vit aussi de ces hommes fanatiques qui met-

---

(1) Hume, tom. II, pag. 185.

tent les destinées de leur pays au bout de leur poignard attenter aux jours du roi ; mais ils furent renvoyés avec mépris aux tribunaux ordinaires, dans la pensée que, donner trop de crédit à un attentat, c'était en encourager d'autres.

Le complot qui eut lieu en 1696 contre la vie de Guillaume ne servit qu'à faire ressortir l'attachement général pour sa personne. Les deux chambres du parlement déclarèrent de nouveau que lui seul possédait des droits légitimes, et elles rédigèrent un acte d'association par lequel elles s'engageaient à défendre contre tous le gouvernement et la personne du roi. Cette déclaration, signée par un nombre infini de citoyens de toutes les classes, fut pour Guillaume une seconde sanction populaire.

Quoique le parlement se laissât entraîner parfois hors d'une saine politique, par des passions réactionnaires et des susceptibilités mesquines, il faut avouer cependant qu'il se montra souvent digne des grands intérêts qu'il avait à soutenir : en premier lieu, il discuta avec conscience et dignité les droits du vaincu comme ceux du vainqueur, et établit franchement la base sur laquelle devait reposer le nouveau gouvernement. Il assura les garanties nécessaires contre les empiétemens de la couronne. Il s'empressa surtout de repousser toute solidarité avec les actes tyranniques des règnes précédens, et non seulement il cassa les jugemens portés contre lord Russel, Algernon, Sidney et d'autres victimes du despotisme de Charles II, mais même il nomma un comité chargé d'une enquête contre les auteurs et complices du jugement qui les avait condamnés à mort (1).

Les chambres voulurent, dans les premiers temps, tenir le roi dans leur dépendance, en ne votant la liste civile que d'année en année. Ce ne fut qu'en 1697, lorsque Guillaume avait assuré une paix avantageuse à l'Angleterre, qu'elles fixèrent la liste civile pour toute la durée de son règne. Ainsi donc rien n'avait été précipité, et le parlement ne témoignait sa confiance qu'après neuf ans d'épreuve de l'exercice de l'autorité royale.

D'importantes améliorations furent alors adoptées par les chambres ; entre autres innovations, on affecta à chaque différent service un revenu annuel. On résolut que toute personne serait taxée suivant la juste valeur de ses biens réels et personnels, soit

(1) Hume, tom. X, pag. 77.

en fonds de terre ou fonds de commerce, soit en emplois, pensions ou professions.

On augmenta les garanties de la liberté individuelle en étendant, par un nouveau bill, les bienfaits de l'*habeas corpus* aux crimes de haute trahison, et la confiscation ne fit plus partie des peines prononcées contre les délits politiques. Le bill triennal, qui fixait à trois ans la durée des parlemens, fut adopté.

On décida que les résolutions prises dans le conseil privé seraient signées par tous ceux qui les auraient conseillées ou approuvées; que quiconque tiendrait de la couronne une pension ou une place lucrative ne pourrait être membre de la chambre des communes; que les juges recevraient un salaire fixe, et qu'ils ne pourraient plus être licitement révoqués que sur les adresses des deux chambres; qu'aucun pardon scellé du grand sceau d'Angleterre ne pourrait prévaloir contre une accusation intentée en parlement par la chambre des communes (1).

Ainsi, pendant que le roi rétablissait l'ordre et donnait un nouveau lustre au nom anglais, le parlement, de son côté, assurait les libertés publiques.

(1) Hume, tom. XI, pag. 428.

Si, à l'intérieur, la politique de Guillaume était grande et nationale, à l'extérieur elle l'était bien davantage encore.

Depuis le jour où, dans le plus grand danger de la patrie, le peuple hollandais lui avait confié le pouvoir, Guillaume suivit, soit comme prince hollandais, soit comme roi d'Angleterre, la même conduite.

La puissance de Louis XIV excitait depuis longtemps la jalousie des souverains de l'Europe. Ils s'étaient tous ligués contre le grand roi; mais, abandonnés par l'Angleterre, en 1678, la Hollande, l'Espagne et l'empereur d'Allemagne s'étaient vus forcés de reconnaître, par la paix de Nimègue, presque toutes les conquêtes de la France. Cette paix avait été en grande partie l'œuvre de la trahison de Charles II, qui avait, par lâcheté, vendu à Louis XIV l'honneur de son pays, l'intérêt de ses alliés, et qui avait laissé ainsi échapper l'occasion d'assurer la prépondérance de l'Angleterre. Ce traité était donc resté pour la Grande-Bretagne, sinon un monument de honte, du moins une preuve de la dépendance et de la faiblesse de son gouvernement.

Mais Guillaume n'a point accepté la couronne pour continuer la politique des Stuart. A peine était-il arrivé à Londres, que, loin de rechercher une reconnaissance étrangère, il avait, dans les vingt-quatre heures, renvoyé à Versailles Barillon, ambassadeur de Louis XIV, cet habile serviteur de son maître, mais ce funeste conseiller des Stuart.

Dès qu'il se trouve à la tête du peuple anglais, il demande au parlement des subsides pour équiper ses flottes, pour augmenter ses armées.

Il reconquiert l'Irlande par la bataille de la Boyne; par la victoire navale de la Hogue (1692), il détruit toutes les espérances de Jacques, et répare les désastres que ses flottes ont éprouvés sur mer.

Mais sur le continent, les armes de Louis XIV sont toujours victorieuses; à Fleurus, à Steinkerque, à Nerwinde, à Marsaille, en Piémont comme dans les Pays-Bas, sur le Rhin comme sur le Ter (1), Guillaume et ses alliés sont battus, et les entreprises des flottes anglaises contre Dunkerque, Saint-Malo, et les côtes de Bretagne ont toutes échoué. Cependant le génie fécond de Guillaume tire plus d'avantage de ses revers que ses ennemis de leurs

(1) Le maréchal de Noailles gagna une bataille en Catalogne, sur les bords du Ter.

succès. Louis XIV, qui avait autrefois conquis la moitié de la Hollande et de la Flandre, toute la Franche-Comté sans coup férir, ne peut pas même entamer les Provinces-Unies, après les plus grands efforts et les plus sanglantes victoires.

Guillaume reste l'âme de la coalition et encourage l'Espagne, la Hollande et l'Allemagne à soutenir la lutte.

Il passe tous les ans d'Angleterre sur le continent, pour arrêter les plans de campagne et se mettre à la tête des armées ; tous les ans il revient en Angleterre, pour apaiser les craintes du parlement, s'attirer son concours, lui expliquer ses grands desseins et en obtenir les subsides nécessaires pour continuer la guerre. Quelquefois les chambres l'accueillent par des murmures, mais le peuple l'accompagne toujours de ses acclamations.

En ouvrant la session de 1696, il déclare que, malgré les propositions de paix, *c'est les armes à la main qu'il faut traiter avec la France*, et le parlement lui répond que, malgré les sacrifices que la nation a faits en hommes et en argent, il le soutiendra contre tous ses ennemis au dedans comme au dehors.

Enfin, en 1697, sa persévérance a triomphé de

la fortune de Louis XIV, et le succès a couronné ses efforts. La paix de Ryswick est signée entre la France, l'Angleterre, la Hollande, l'Espagne et l'empereur d'Allemagne. Par ce traité, qui est en tout point favorable à l'honneur et aux intérêts commerciaux de l'Angleterre et des Pays-Bas, Louis XIV reconnaissait Guillaume III, abandonnait la cause des Stuarts, et rendait aux alliés de Guillaume une grande partie des villes qu'il avait prises sur eux, et la Lorraine au fils de Charles V.

Ainsi donc, Guillaume en neuf ans a surmonté tous les obstacles intérieurs et extérieurs qui s'opposaient à ses desseins; il a fait échouer toutes les tentatives de Jacques II, il a réuni en sa faveur la presque totalité de la nation, et il est parvenu à rendre à l'Angleterre toute son influence dans le congrès des rois.

Le 3 décembre 1697, le roi se rend au parlement et annonce qu'il avait atteint son but en ayant conclu une paix honorable.

Le chef de la fière Albion n'est plus, comme Charles II, le vassal de la France; il est devenu un des arbitres du sort de l'Europe, et au sud comme au nord, à l'orient comme à l'occident, on ne fera rien sans le consulter.

Par sa médiation, se termine (1) la guerre de Hongrie qui durait depuis quinze ans entre la Turquie et l'empereur d'Allemagne, et par les secours qu'il envoie à Charles XII, il force la Pologne et le Danemark à conclure la paix avec la Suède.

Louis XIV même dispose d'avance avec lui de l'héritage de Charles II d'Espagne, dont la mort paraissait prochaine.

Plusieurs traités de partages éventuels sont convenus entre eux; mais il était difficile que deux caractères aussi fiers fussent long-temps unis dans leurs desseins.

Le testament du roi d'Espagne, qui déclare le duc d'Anjou seul héritier de cette monarchie, ranime toutes les jalousies contre la France. L'Angleterre, par son adhésion ou sa résistance, va décider du sort de l'Europe. Louis XIV, ne pouvant gagner le roi comme il gagnait les Stuarts, s'efforce par ses largesses de corrompre les membres influens du parlement (2), et Guillaume est forcé, par l'atti-

(1) Smollett, tom. XI, pag. 379.
(2) Hume, tom. XI, p. 422.

tude des chambres, de reconnaître momentanément l'avénement d'un Bourbon au trône d'Espagne.

Mais les mauvaises dispositions du parlement n'effraient pas Guillaume; il s'appuie sur le peuple et sait qu'en réveillant les sentimens nationaux il brisera les obstacles qui voudraient l'empêcher de soutenir ses alliés et les grands intérêts de son pays sur le continent. L'opinion publique ne tarde pas à se prononcer. Nous ne voulons pas, disaient les Anglais dans la fameuse pétition de Kent, être plus esclaves des parlemens que des rois. Guillaume dissout les chambres, et lorsqu'il en convoque de nouvelles le 13 décembre 1701, il ouvre la session par un discours où il développe toute la profondeur et toute la nationalité de sa politique. Il leur demande de le soutenir dans ses vues, d'assurer le crédit public, de s'occuper du sort des pauvres, d'encourager le commerce et d'améliorer les mœurs. Il les conjure surtout de ne pas donner gain de cause à leur ennemi commun en abandonnant sur le continent les résultats de tous leurs efforts; il les presse de saisir l'occasion d'assurer la prépondérance de l'Angleterre en se mettant en Europe à la tête du protestantisme. Enfin il fait appel à tous les sentimens d'honneur de la nation.

Cet appel ne fut pas fait en vain. La chambre des communes vote des subsides à l'unanimité ; la chambre des lords montre le même enthousiasme, et le discours de Guillaume est acheté par le peuple et encadré dans les chaumières (1) comme l'image la plus fidèle des conquêtes et de la politique de la révolution. Ce fut le testament politique de Guillaume, qui mourut quelques mois après (8 mars 1702), mais qui dut quitter la vie avec cette satisfaction intérieure qu'éprouve un grand homme qui a assuré la prospérité, la liberté et la grandeur de son pays.

(1) Hume, tom. XII, pag. 37.

CHAPITRE III.

POLITIQUE DES STUARTS.

PREMIÈRE PARTIE.—CHARLES Iᵉʳ.

Nous avons rappelé les principaux traits de la vie de Guillaume; c'est assez montrer combien ils diffèrent des faits qui se passent en France sous nos yeux.

La politique de 1830 n'est pas la politique de 1688; elle est même tout l'opposé.

Ce n'est pas le système de Guillaume III, mais le système des Stuart, qu'on a pris pour modèle.

Pour le prouver, nous allons analyser les causes des événemens qui ont bouleversé l'Angleterre pendant soixante-trois ans.

En retraçant cette période si pleine d'intérêt de l'histoire de la Grande-Bretagne, nous verrons combien ces sociétés malades de 1640 et de 1660 ont d'analogie avec la nôtre par leurs luttes et par leurs passions, et nous serons amenés à cette fâcheuse conclusion que les onze années qui viennent de s'écouler en France, depuis 1830, ressemblent aux époques qui commencent les révolutions, au lieu de ressembler aux époques qui les finissent.

Comme ce n'est pas une comparaison dramatique que nous cherchons, mais au contraire une comparaison philosophique, nous croyons qu'il est rationel d'assimiler entre elles des époques qui se rapprochent par les idées qui ont dominé la société, par l'esprit qui a guidé le pouvoir, quoique les événemens principaux ne soient pas les mêmes.

Qu'importe que les cadres soient différens, si les tableaux que nous comparons ont les mêmes couleurs et représentent les mêmes sujets.

L'Angleterre avait déjà subi en 1625 deux grandes révolutions. La première remontait au treizième siècle, époque de la déclaration de la grande Charte; la seconde s'était accomplie au seizième siècle par l'affaiblissement de la noblesse et de la féodalité sous Henri VII (1), et par la réforme religieuse exécutée violemment par Henri VIII.

(1) Henri VII abolit, entre autres choses, les lois féodales « qui op-

La première révolution avait établi des droits ; la seconde avait réalisé des bénéfices en disséminant dans la nation les biens de la noblesse et du clergé (1).

Or, comme tous les grands intérêts ont besoin d'idées, de couleurs et de drapeaux pour être représentés, le protestantisme devint en Angleterre l'emblème de toutes ces conquêtes nationales.

Elisabeth avait fait plus que de confirmer les intérêts de ces révolutions; elle les avait sauvés. Aussi son despotisme avait-il été plus populaire que la liberté.

Jacques Ier, chef en Angleterre de la malheureuse dynastie des Stuarts, crut qu'il pouvait conserver le pouvoir absolu d'Élisabeth sans son génie, et jouir de la même autorité dans un esprit différent, dans un but opposé. Il ne fit que saper les fondemens du trône et préparer la révolution qui éclata sous son fils.

» posaient des entraves à la vente et à la subdivision des fiefs. » Guizot, pag. 11, *Histoire de Charles Ier*, vol. 1.

(1) Dans le partage des tenures fait par Guillaume le Conquérant, le clergé avait eu pour sa part 28,015 manoirs, c'est-à-dire plus d'un tiers des biens du royaume.

La noblesse aliéna la plupart des vastes domaines que lui distribua Henri VIII.

Le gouvernement de Jacques Iᵉʳ n'inspirant que mépris, les prérogatives royales, qui, sous Élisabeth, étaient regardées comme des droits de la couronne, ne furent plus considérées que comme des abus.

Souvent les peuples donnent un aiguillon pour les conduire, jamais pour les frapper.

Quant à l'aristocratie, elle avait fléchi devant le trône depuis l'avénement des Tudor, mais avec cette réserve de se relever toujours avec les libertés du peuple.

Lorsque Charles Iᵉʳ monta sur le trône, il se trouva à la tête d'un pouvoir presque absolu sur un peuple qui possédait déjà tous les moyens légaux d'entraver l'absolutisme. Les parlemens (1) n'avaient jamais cessé de se rassembler. Le jury existait. Les villes avaient conservé leurs chartes, les corporations leurs franchises, et les esprits s'étaient exercés aux discussions politiques par l'habitude de la controverse en matière religieuse.

Les Anglais connaissaient donc tous les ressorts de la liberté s'ils en ignoraient encore la pratique, et maintenant que le pouvoir ne les conduisait pas

(1) On avait même réglé, sous Édouard III, que les parlemens s'assembleraient une fois tous les ans, et plus même, s'il était nécessaire.

dans le sens national, ils allaient réclamer la libre et entière jouissance de ces biens que leur avaient légués leurs pères, car il n'y a pas jouissance là où il y a crainte de perdre.

La confiance populaire était passée de la couronne au parlement, parce que lui seul paraissait garantir l'aisance que l'on avait acquise et la prière que l'on adressait au ciel.

Les maux de la société étaient patens, et cependant il existait dans la nation un désir vague et indéfini d'un meilleur état de choses.

Des années s'écoulent avant qu'un peuple mette la main sur l'endroit de ses blessures. Plus les griefs réels semblent faciles à proclamer, plus les esprits se lancent dans le mysticisme des théories.

Enfin la Grande-Bretagne était arrivée, en 1625, à une de ces époques solennelles où un souverain ne reste à la tête d'une société en travail qu'à condition de la diriger, et qu'il ne dirige qu'à condition de favoriser et de régler les idées nouvelles.

Cependant le règne de Charles Ier s'annonçait sous d'heureux auspices. « L'Angleterre se promettait

» d'être heureuse et libre sous un roi qu'enfin elle
» pouvait respecter (1). »

Cet espoir fut bientôt déçu. Dès les premiers jours les plaintes se manifestèrent. On reprochait au gouvernement de protéger cette religion catholique qui, en Angleterre, était descendue à l'état de parti politique; on lui reprochait ses négociations, ses alliances, son incurie pour le commerce, son emploi des subsides. Au lieu de donner tort à ces plaintes, peut-être trop hâtives, en réprimant les abus qu'elles signalaient, le gouvernement donna tort à leurs auteurs; alors la méfiance augmenta, le parlement devint plus impérieux, le roi plus irrité.

Désirant détourner l'attention publique des affaires intérieures par une expédition faite en faveur du protestantisme, Charles Ier fit équiper une flotte pour secourir les assiégés de La Rochelle.

Mais il y a des gouvernemens frappés de mort dès leur naissance et dont les mesures les plus nationales n'inspirent que défiance et mécontentement.

Charles Ier demanda vingt vaisseaux à la cité de

(1) Guizot, *Histoire de Charles Ier*, vol. I, pag. 3. Nous avons cru ne pouvoir mieux dépeindre l'état de l'Angleterre sous Charles Ier qu'en citant plusieurs passages de la brillante histoire de M. Guizot.

Londres pour équiper sa flotte, et on lui répondit qu'Élisabeth (1) en avait exigé moins pour repousser la grande *Armada* de Philippe II. Le roi voulut qu'on les lui donnât, et, malgré ces puissantes ressources, il échoua deux fois devant l'énergie de Richelieu.

Le parlement se déclarait toujours plus hostile, et sa popularité augmentait en raison de son hostilité. Charles, après l'avoir cassé plusieurs fois, le rappela, et le rappela pour lui donner raison.

En 1628 le fameux bill connu sous le nom de Pétition des droits (*bill of rights*) fut sanctionné par le roi et les deux chambres. Ce n'était point une innovation extraordinaire, ce bill consacrait des libertés reconnues ou réprimait des abus universellement réprouvés. Il fallait que déjà le roi et la nation fussent bien étrangers l'un à l'autre pour que l'un regardât comme une défaite sanglante et l'autre comme une victoire signalée ce qui n'était que le rappel d'anciens droits.

Les pouvoirs faibles et imprévoyans croyent qu'ils ont tout fait quand, après avoir lutté long-temps contre l'opinion publique, ils sont obligés de céder.

---

(1) Voyez Guizot, *Histoire de Charles I*er, pag. 32.

Ils n'ont montré cependant que leur mauvais vouloir et leur faiblesse.

Charles crut qu'il était au bout de ses épreuves, elles ne faisaient que commencer. Les communes firent éclater leur haine contre le duc de Buckingham, son conseiller, et le menacèrent de leur accusation. Le roi pensa qu'il avait montré assez de déférence aux vœux du parlement, et que le temps des concessions était passé. Il crut sauver son ministre en le conservant auprès de lui. Le duc de Buckingham fut assassiné, et la nation osa tressaillir de joie.

Irrité de tant d'outrages, Charles cassa le parlement et résolut de gouverneur seul. Pendant onze ans l'Angleterre parut tranquille, mais l'agitation n'avait fait que se répandre de la surface dans tout le corps de la société.

« Quelque temps le gouvernement fut facile. Les
» citoyens ne s'occupaient plus que de leur intérêt
» privé. Aucun grand débat, aucune vive émotion
» n'agitait les gentilshommes dans les réunions des
» comtés, les bourgeois dans les assemblées munici-
» pales, les matelots sur les ports, les apprentis dans
» les ateliers. Ce n'est pas que la nation languit dans
» l'apathie, son activité avait pris un autre cours;

» on eût dit qu'elle oubliait dans le travail les revers
» de la liberté. Plus hautain qu'ardent, le despotisme
» de Charles le troublait peu dans ce nouvel état. Ce
» prince ne méditait pas de vastes desseins, n'avait
» nul besoin d'une gloire forte et hasardeuse; il lui
» suffisait de jouir avec majesté de son pouvoir et de
» son rang. La paix le dispensait d'exiger du peuple
» de pesans sacrifices, et le peuple se livrait à l'agri-
» culture, au commerce, à l'étude, sans qu'une ty-
» rannie ambitieuse et agitée vînt chaque jour gêner
» ses efforts et compromettre ses intérêts; aussi la
» prospérité publique se développait rapidement,
» l'ordre régnait entre les citoyens, et cet état floris-
» sant et régulier donnait au pouvoir l'apparence de
» la sagesse, au pays celle de la résignation (1). »

Cependant, en étouffant les plaintes, on ne guérit pas les maux; et la marche du gouvernement, quoique affranchie des entraves de la discussion parlementaire, n'en devint bientôt ni plus facile ni plus franche.

« Malgré l'énergie et le zèle de ses principaux con-
» seillers, malgré le calme du pays, malgré la di-
» gnité des mœurs du roi, le gouvernement était sans

(1) Guizot, vol. I, pag. 64.

» force et sans considération. Assailli de dissensions
» intérieures, dominé tour à tour par des influences
» contraires, tantôt secouant avec arrogance le joug
» des lois, tantôt cédant aux plus frivoles entraves,
» aucun plan ne présidait à la conduite du roi, il ou-
» bliait à chaque instant ses propres desseins (1).»

Charles s'était empressé, dès qu'il s'était vu libre du contrôle des chambres, de conclure la paix avec la France (1629) et l'Espagne (1630), et d'abandonner ainsi en Europe la cause du protestantisme (2).

L'influence de l'Angleterre n'avait fait que décroître, et le pavillon britannique était étonné de ne plus inspirer le respect comme du temps d'Élisabeth.

« Les pirates barbaresques venaient dans la Man-
» che, et jusque dans le canal Saint-George, infester
» les côtes de la Grande-Bretagne.

» Tant d'inhabileté et ses périls n'échappaient
» point aux regards des hommes exercés. Les minis-
» tres étrangers qui résidaient à Londres en ren-
» daient compte à leurs maîtres; et bientôt, malgré
» la prospérité connue de l'Angleterre, se répandit

(1) Guizot, vol. I, pag. 75.
(2) Guizot, vol. I, pag. 75.

» en Europe l'opinion que le gouvernement de
» Charles était faible, imprudent, mal assuré. A
» Paris, à Madrid, à La Haye, ses ambassadeurs
» furent plus d'une fois traités légèrement et avec
» dédain (1). »

» A la tyrannie frivole et mal habile, il faut cha-
» que jour un surcroît de tyrannie; celle de Charles
» fut, sinon la plus cruelle, du moins la plus inique
» et la plus abusive qu'eût jamais soufferte l'Angle-
» terre. Sans pouvoir alléguer pour excuse aucune
» nécessité publique, sans éblouir les esprits par
» aucun grand résultat pour suffire à des besoins ob-
» scurs, pour accomplir des volontés sant but, elle
» méconnut et offensa les anciens droits comme les
» désirs nouveaux, ne tenant compte ni des lois et
» des opinions du pays, ni des aveux et des promesses
» du roi lui-même, essayant au hasard et selon l'oc-
» currence de tous les genres d'oppression, adop-
» tant enfin les résolutions les plus téméraires, les
» mesures les plus illégales, non pour assurer le
» triomphe d'un système conséquent et redoutable,
» mais pour soutenir, par des expédiens journaliers,
» un pouvoir toujours dans l'embarras. De subtils

(1) Guizot, vol. I, pag. 78.

» conseillers, fouillant sans cesse les vieux registres
» pour y découvrir quelque exemple de quelque ini-
» quité oubliée, exhumaient laborieusement les abus
» du temps passé et les érigeaient en droits du trône,
» Doutait-on quelquefois de la complaisance des
» juges, ou voulait-on ménager leur influence? des
» tribunaux d'exception, la chambre étoilée, la cour
» du nord, une foule d'autres juridictions affran-
» chies de la loi commune étaient chargées de les
» suppléer (1). »

En 1636, la chambre étoilée fut chargée de punir les publications de pamphlets puritains.

« L'iniquité de la procédure égala la barbarie du
» jugement (2).

» Le mécontentement semblait-il, dans quelque
» comté, trop général, on en désarmait la milice, on
» y envoyait des troupes que les habitans étaient
» tenus de loger et de nourrir (3).

» Dans les villes la haute bourgeoisie, dans les
» campagnes un assez grand nombre de petits gen-
» tilshommes, et presque tous les francs tenanciers,

---

(1) Guizot, vol. I, pag. 80.
(2) Guizot, vol. I, page 112.
(3) Guizot, vol. I, pag. 84.

» portaient plus loin que d'autres, en matière reli-
» gieuse surtout, leur colère et leurs pensées.

» Là dominaient un attachement passionné à la
» réforme, un besoin ardent d'adopter les consé-
» quences de ses principes, une haine profonde de
» tout ce qui conservait quelque ressemblance avec
» le papisme et en rappelait le souvenir, car la ré-
» forme avait proclamé l'affranchissement de la so-
» ciété civile et aboli les usurpations du pouvoir spi-
» rituel en matière temporelle (1).

» En matière politique, l'effervescence, quoique
» moins générale et moins désordonnée, ne laissait
» pas de se répandre.

» Au sein des classes inférieures, et par l'effet soit
» d'une aisance nouvelle, soit des croyances reli-
» gieuses, commençaient à circuler des idées et des
» besoins d'égalité jusque là inconnus. Dans une
» sphère plus élevée, quelques esprits rudes et fiers,
» détestant la cour, méprisant l'impuissance des an-
» ciennes lois, et se livrant avec passion à la liberté
» de leurs pensées, rêvaient, dans la solitude de leurs
» lectures ou le secret de leurs entretiens, des insti-
» tutions plus simples et plus efficaces. D'autres,

(1) Guizot, vol. I, pag. 103.

» agités de prétentions moins pures, étrangers à toute
» foi, cyniques dans leurs mœurs, et jetés par leur
» humeur ou le hasard au nombre des mécontens,
» aspiraient à un bouleversement qui fît place à leur
» ambition ou les affranchît du moins de tout frein.
» Le fanatisme et la licence, la sincérité et l'hypo-
» crisie, le respect et le dédain des vieilles institu-
» tions, les besoins légaux et les désirs déréglés, tout
» concourait ainsi à fomenter la colère nationale ;
» tout se ralliait contre un pouvoir dont la tyrannie
» échauffait d'une même haine les hommes les plus
» divers, tandis que son imprudence et sa faiblesse
» laissaient aux plus petites factions et aux rêves les
» plus audacieux l'activité et l'espérance (1).

» Le gouvernement, malgré ses embarras, était
» confiant et superbe. Pour justifier sa conduite, il
» parlait souvent, et avec emphase, du mauvais es-
» prit qui se propageait ; mais sa peur momentanée
» n'éveillait point sa prudence, et, en les craignant,
» il dédaignait ses ennemis. La nécessité même d'ag-
» graver de jour en jour l'oppression ne l'éclairait
» point, et il s'applaudissait d'autant plus de sa force

(1) Guizot, vol. I, pag. 110.

» que le péril croissant l'obligeait à plus de ri-
» gueurs(1). »

Charles Ier était entré sans le vouloir dans cette voie funeste où la question n'est plus de gouverner, mais de se soutenir; où il ne s'agit plus d'être juste, mais de sévir. Les hommes du peuple avaient été les premières victimes des persécutions.

« Ce n'étaient encore que des martyrs populaires :
» aucun d'eux n'était distingué par son nom, ses
» talens, sa fortune; plusieurs même étaient, avant
» leur procès, assez peu considérés dans leur profes-
» sion; et les opinions qu'ils avaient soutenues n'é-
» taient, à beaucoup d'égards, que celles de sectes
» fanatiques accréditées surtout dans la multitude.
» Fière de leur courage, elle accusa bientôt les classes
» supérieures de faiblesse et d'apathie : *Maintenant,*
» disait-on, *l'honneur, qui d'ordinaire réside dans la*
» *tête, est, comme la goutte, descendu aux pieds* (2). »

Mais bientôt les hautes classes de la société sentirent les mêmes affronts et subirent les mêmes persécutions; l'opinion publique se réveilla et obligea le roi à convoquer, en 1640, un nouveau parlement qui

---

(1) Guizot, tom. I, pag. 111.
(2) Guizot, tom. I, pag. 116.

ne devait plus se dissoudre sans l'avoir renversé.

Cependant au commencement de la convocation de cette assemblée qui par la suite reçut le nom de *Long-Parlement*, la nation était encore incertaine.

« Quel que fût son mécontentement, tout dessein
» violent lui était étranger. Les sectaires, en cer-
» tains lieux la multitude, et quelques hommes déjà
» compromis comme chefs des partis naissans, nour-
» rissaient seuls des passions plus sombres ou des
» pensées plus étendues. Le public les avait approu-
» vés et soutenus dans leur résistance, mais sans
» s'associer à d'autres projets, sans même leur en
» supposer. De longs revers avaient mis beaucoup
» de bons citoyens en doute, sinon sur la légitimité,
» du moins sur la convenance de l'ardeur et de
» l'obstination des derniers parlemens. On rappelait,
» sans blâme mais avec regret, la rudesse de leur
» langage et le désordre des scènes qui les avaient
» agités; on se promettait plus de prudence. Sous
» l'influence de cette disposition, les élections for-
» mèrent une chambre des communes contraire à la
» cour, décidée à redresser les griefs, et où prirent
» place tous les hommes que leur opposition avait
» rendus populaires, mais composée en majorité de

» citoyens paisibles, libres de tout engagement de
» parti, se méfiant des passions, des combinaisons
» secrètes, des résolutions précipitées, et se flattant
» qu'ils réformeraient les abus sans aliéner le roi,
» sans hasarder le repos du pays (1).

» Dans cet état des esprits, la situation morale du
» parlement était fausse, car c'était par lui et à son
» profit que s'accomplissait la révolution ; contraint
» de la faire et de la nier à la fois, ses actes et son
» langage se démentaient tour à tour, et il flottait
» péniblement entre l'audace et la subtilité, la vio-
» lence et l'hypocrisie (2).

» Chaque jour il était forcé de marcher dans des
» voies opposées, de tenter des efforts contraires. Ce
» qu'il sollicitait dans l'église, il le repoussait dans
» l'état ; il fallait que, changeant sans cesse de posi-
» tion et de langage, il invoquât tour à tour les prin-
» cipes et les passions démocratiques contre les
» évêques, les maximes et les influences monar-
» chiques ou aristocratiques contre les républicains
» naissans. C'était un spectacle étrange de voir les
» mêmes hommes démolir d'une main et soutenir

(1) Guizot, tom. I, pag. 140.
(2) Guizot, tom. I, pag. 270.

» de l'autre; tantôt prêcher les innovations, tantôt
» maudire les novateurs; alternativement témé-
» raires et timides, rebelles et despotes à la fois;
» persécutant les épiscopaux au nom des droits de
» la liberté, les indépendans au nom des droits du
» pouvoir; s'arrogeant enfin le privilége de l'insur-
» rection et de la tyrannie en déclamant chaque jour
» contre la tyrannie et l'insurrection (1). »

Cet état d'incertitude et de contradiction ne pouvait durer. Depuis l'ouverture du parlement, Charles avait été obligé de céder au torrent de l'opinion. Mais ces concessions lui avaient été aussi funestes que sa résistance. Désirant regagner quelque popularité sans cependant satisfaire aux justes demandes du peuple, il voulut le flatter dans ses haines en persécutant les papistes *victimes dévouées aux raccommodemens du prince et du pays* (2).

Mais l'injustice n'a jamais raffermi un trône. Le roi avait ouvert la porte aux passions haineuses sans savoir où elles s'arrêteraient, sans prévoir jusqu'où elles iraient frapper. La vengeance du parlement s'appesantit d'abord sur le malheureux lord Straf-

(1) Guizot, tom. II, pag. 7.
(2) Guizot, tom. I, pag. 53.

ford, sur le seul homme peut-être qui, au commencement du règne, eût pu sauver la monarchie, et qui maintenant allait être victime des mesures qu'il avait exécutées contre son opinion, par attachement pour le souverain. Charles abandonna son ministre à ses bourreaux; mais avec la tête de lord Strafford devait aussi tomber le dernier prestige de la royauté. Cet abandon montrait à la fois et la faiblesse du roi et la lâcheté de l'homme. Les partis avaient usé tous leurs moyens légaux, toutes les ressources de la raison et de la justice étaient épuisées, les passions seules restaient en présence. La lutte devait éclater. On sait comment elle finit.

DEUXIÈME PARTIE.—CHARLES II.

Charles Ier expia cruellement les fautes de son père et les siennes propres ; mais que de raisons pour excuser ses erreurs ! Elevé dans des principes d'autorité absolue, l'exemple des rois qui l'avaient précédé devait égarer son jugement et lui faire prendre les justes plaintes du peuple pour des déclarations factieuses, et les convulsions d'une société malade pour des séditions vulgaires.

Mais après lui c'était vertige que de se tromper, car son exemple montrait en lettres de sang, dans l'histoire d'Angleterre, où était le port et où était l'écueil. Cependant trente-neuf ans devaient encore s'écouler, et cinq gouvernemens venir successivement réclamer leurs droits de naufrage, avant que l'Angleterre eût jeté l'ancre de ses libertés.

Notre but n'étant pas de décrire la marche des événemens qui suivirent la mort de Charles Ier, nous ne dirons qu'un mot des onze années qui précédèrent la restauration de son fils.

La lutte qui avait renversé le trône en Angleterre n'avait pas été, comme le fut plus tard la révolution de 1789, une de ces commotions violentes qui sont à la fois sociales, politiques, intellectuelles, qui s'attaquent à toutes les idées reçues, à toutes les classes élevées, à tous les intérêts existans, et qui ébranlent le pays jusque dans ses fondemens, parce que le peuple se lève tout-à-coup pour s'affranchir d'oppressions féodales, pour atteindre une aisance qui lui était refusée, pour conquérir des droits qu'il n'avait jamais possédés.

En Angleterre la civilisation avait exécuté successivement en plusieurs siècles ce qui en France ne fut, pour ainsi dire, que l'ouvrage d'un jour (1). Là est l'immense différence entre les deux révolutions; aussi rien dans ces deux événemens, excepté la catastrophe

---

(1) Voyez les réflexions au commencement du chapitre précédent.

royale, ne saurait se comparer, ni des causes qui les produisirent, ni des effets qui en résultèrent.

La révolution anglaise ne changea ni les mœurs ni les institutions, et ne laissa après elle qu'une immense prétention nationale, connue sous le nom d'*acte de navigation* (1). Cromwell, qui pendant cinq ans occupa la première place, parce que le fanatisme politique et religieux demandait un chef, ne put rien fonder. Il ne fut qu'un habile timonier pendant la tempête. Amené au pouvoir par les orages, le calme l'eût renversé. Au lieu de créer de nouveaux intérêts, il eut toujours à lutter contre ces vieilles coutumes de liberté qui étaient enracinées dans la nation (2). Aussi quelle différence dans la popularité dont jouirent les hommes des deux révolutions! Les conventionnels qui en France avaient voté la mort de Louis XVI furent employés comme ministres par un prince qui revenait ayant toute l'Europe pour soutien, tandis que Charles II, rappelé librement par le peuple, non seulement fit mettre à mort les régicides et déterrer le squelette de Cromwell pour le

---

(1) Le fameux acte de navigation proposé par le conseil d'État au parlement de 1651.

(2) Voyez Villemain, *Histoire de Cromwell,* pag. 381.

pendre à un gibet, mais vingt-neuf ans plus tard, et lorsqu'une nouvelle révolution avait eu lieu, Ludlow (1), qui était revenu dans son pays, ne put y rester, et fut obligé de se soustraire par la fuite aux poursuites que le parlement dirigeait contre lui.

Ces réflexions nous ont paru nécessaires pour expliquer l'enthousiasme avec lequel le peuple revint de lui-même à la royauté.

L'assemblée qui rappela Charles II fut le premier parlement libre qu'on eût convoqué depuis 1649; et ce qui est digne de remarque, c'est que le bill de convocation émanait des restes du Long-Parlement, et excluait de l'assemblée politique ceux qui étaient ouvertement connus pour royalistes, ou qui avaient pris les armes en faveur soit de Charles Ier, soit de son fils (2).

Ce qui se passa en Angleterre en 1660 peut donc être considéré comme une véritable révolution, qui eut le peuple pour soutien, le parlement pour organe, et un général pour instrument. En effet, Monk,

---

(1) Ludlow, qui avait voté la mort de Charles Ier, et qui avait été exilé sous Charles II, revint après la révolution de 1688, et demanda à servir dans la guerre d'Irlande; Guillaume III voulait l'employer, mais l'animosité du peuple l'en empêcha.

(2) Boulay (de la Meurthe), *Essai sur la révolution anglaise.*

qui était resté neutre jusqu'au dernier moment (1), n'eût pas appuyé le retour du roi s'il n'eût jugé que cette restauration était alors dans les vues de la plus grande partie de la nation.

Quelque puissance matérielle que possède un chef, il ne peut disposer à son gré des destinées d'un grand peuple; il n'a de véritable force qu'en se faisant l'instrument des vues de la majorité. Henri VIII changea la religion du pays, parce que ce changement était déjà dans les idées et dans les intérêts du plus grand nombre; sans cela il n'eût pas réussi. Les Stuart échouèrent dans la même tentative par des raisons contraires.

Le mouvement national était donc, en 1660, tout en faveur du rappel de Charles II, et tout concourait à lui concilier les esprits.

Ce prince, à l'âge de seize ans, avait combattu pour son père, et avait tenté de le sauver à la tête d'une partie de la flotte anglaise, révoltée contre le parlement. Plus tard, il était venu l'épée à la main réclamer la couronne, et ne s'était soustrait qu'avec peine au bras vainqueur de Cromwell, après la ba-

(1) Voyez, à l'appui de cette assertion, l'*Histoire de Cromwell*, par Villemain.

taille de Worcester. Rappelé par le vœu national, il se présentait avec de glorieux antécédens, et l'intérêt qu'inspirent toujours des infortunes dont on a triomphé. Les grâces de son esprit, l'affabilité de ses manières prévenaient en sa faveur, et remplissaient tous les cœurs de joie et d'espérance. Mais pendant l'exil, Charles II était devenu étranger aux mœurs, aux institutions, à la religion de son pays; le malheur, qui retrempe les âmes ou les pourrit, avait usé son énergie; il revenait avec des intérêts opposés à ceux des partis qui le rappelaient, et il oublia qu'il ne retrouvait l'Angleterre calme que parce qu'elle était lasse, mais qu'elle était toujours divisée par « ces » *mêmes questions de tolérance religieuse et de liberté* » *politique qu'il faut résoudre, et qui ne se suppriment* » *pas* (1). »

Quatre partis représentaient alors, sous une forme religieuse, autant de politiques différentes. Les indépendans ou républicains; les presbytériens, qui, avec les autres sectes protestantes, formaient les non-conformistes; enfin, les royalistes anglicans et les royalistes catholiques.

Les presbytériens avaient fait la révolution en

(1) Villemain, *Histoire de Cromwell*, page 446.

s'alliant aux indépendans. Ils firent la contre-révolution en s'alliant aux anglicans; ils formaient donc avec le parti auquel ils s'adjoignaient la majorité de la nation.

Ne semble-t-il pas que la simple raison disait au roi de s'appuyer sur cette majorité, qui l'avait rappelé en favorisant ses désirs et sa religion ? Ne devait-il pas chercher à cimenter l'union des non-conformistes et des anglicans, et profiter de l'élan national pour apaiser les dissensions, assurer la liberté de l'Angleterre par des lois sages, et sa puissance à l'extérieur par une conduite honorable ?

Mais par nature comme par caractère, Charles II devait être opposé à une semblable politique.

Par nature, c'est-à-dire comme Stuart, il ne pouvait se fier aux presbytériens, qui étaient les auteurs de la révolution, ni aux indépendans, qui lui avaient donné une si fatale issue. Les anglicans et les catholiques lui semblaient donc les seuls soutiens naturels de son trône (1); car en politique comme en physi-

---

(1) Il ne put même jamais vaincre ses répugnances contre Monk et l'amiral Montagu, à cause de leurs antécédens républicains; et les anglicans même lui devinrent bientôt suspects.

que les corps ne s'attirent et ne se séparent que par une affinité ou une répulsion naturelle.

Par caractère, Charles II ne pouvait adopter un système de conciliation et de grandeur. Toutes les scènes qui avaient agité sa vie depuis son enfance, au lieu de créer en lui des convictions profondes, n'avaient produit que le doute dans son cœur. Il méprisait les hommes et le destin; les hommes, parce qu'il voyait autour de lui des champions de tous les gouvernemens, adulateurs successifs de la république de Cromwell et de la royauté; il méprisait le destin, parce qu'il ne voyait dans la suite de tant d'événemens contraires qu'un jeu de la fortune. Pénétré de cet athéisme politique, il crut qu'une habile dissimulation suffirait pour tromper les hommes et le sort et pour conjurer tous les dangers. Il crut qu'en remplaçant les idées d'honneur et de gloire par le développement des intérêts matériels, en détruisant la foi par l'astuce, et les consciences par la corruption, il sortirait du dédale des passions politiques; quant à la nation, peu lui importait qu'elle s'y perdît.

Les acclamations qui avaient salué le retour du fils de Charles Ier retentissaient encore, que déjà le roi avait mécontenté tous les partis. N'osant pas soutenir les vieux royalistes (appelés cavaliers), par crainte de froisser les hommes de la révolution; n'osant pas se fier à ces derniers, par antipathie naturelle; il fut ingrat (1) par lâcheté et injuste par méfiance.

Les peuples ne devraient jamais se fier aux princes qui, pour monter sur le trône, ont besoin de tranquilliser les esprits par leurs déclarations, et de flatter les partis par leurs promesses; car la nécessité de semblables manifestes prouve assez qu'ils n'ont pas les mêmes intérêts que la nation, et que leur personne inspire des craintes que leur parole même ne saurait calmer.

La déclaration de Bréda portait sur deux points essentiels : licenciement de l'armée et amnistie générale.

L'armée fut en effet licenciée, mais pour être aussitôt réorganisée. L'amnistie fut rendue nulle par de grandes exceptions; l'Écosse et l'Irlande n'y furent pas comprises.

---

(1) Les royalistes, obligés de capituler dans la ville de Colchester, furent envoyés par Cromwell en Amérique, et vendus comme des nègres. Charles II, rendu à la puissance, oublia de les racheter.

Chateaubriand, *Mélanges historiques*, pag. 152.

La crainte de l'anarchie fut exploitée avec ardeur par le gouvernement, pour excuser des mesures arbitraires. Une émeute dans Londres, de quelques sectaires, fut le signal de persécutions contre les non-conformistes et les presbytériens. Un bill fut dressé pour la sûreté du roi et du gouvernement; on ne s'y borna pas à punir les actions, on étendit les peines aux simples projets, aux écrits, aux opinions, jusqu'aux simples paroles. Toute *entreprise* contre la personne du roi fut qualifiée de crime de haute trahison. Ce mot *entreprise*, dit Boulay (de la Meurthe) (1), était assurément bien vague ; on l'eût remplacé par le mot *attentat*, comme nous l'avons vu de nos jours, que la loi n'eût pas été plus juste, ni le crime mieux défini.

Charles II n'avait qu'une seule préoccupation, c'était de trouver les moyens de se procurer assez d'argent pour payer ses inutiles dépenses. Il ne réunissait le parlement, ne lui parlait de gloire nationale, que dans le but de se faire accorder des subsides. Après avoir commencé par abandonner, pour cinq millions, Dunkerque à la France, il vendit au poids de l'or, à Louis XIV, les intérêts et l'honneur de son

---

(1) Boulay (de la Meurthe), *Histoire de Charles II*, tom. I, pag. 60.

pays. Une telle conduite devait bientôt ramener le parlement et la nation à des sentimens hostiles, d'autant plus que la protection occulte qu'on accordait aux catholiques contribuait à augmenter la méfiance générale.

Pour faire diversion à ces sentimens, Charles résolut (1664) de faire la guerre à la Hollande, pays qu'il détestait, à cause des formes républicaines de son gouvernement, et auquel il reprochait de donner asile à ses sujets mécontens, oubliant que lui-même, proscrit (1), y avait trouvé protection.

Cette guerre, qui avait commencé par caprice, finit par lassitude, après quelques victoires et quelques revers; mais la paix conclue en 1667, par le traité de Bréda, fut regardée par les Anglais comme déshonorante pour eux; et comme si la Providence voulait marquer ce règne du sceau de sa réprobation, la peste vint à cette époque désoler le royaume, et un incendie détruire une grande partie de Londres (2).

Tandis qu'en Angleterre le souverain usait toute son habileté à tendre des piéges et des embûches aux

(1) Boulay (de la Meurthe), *Histoire de Charles II*, tom. I, pag. 98.

(2) Il est curieux de remarquer que tous les règnes qui ont été funestes pour leur pays ont été marqués par quelque grand désastre, comme la peste ou l'inondation, l'incendie ou la famine.

partis qui voulaient une politique honorable, en France, au contraire, il y avait un jeune roi qui ne pensait qu'à la gloire de son pays.

Louis XIV réclamait alors tous les Pays-Bas espagnols comme le patrimoine de sa femme, fille de Philippe IV, et s'était emparé, en courant, de la Flandre et de la Franche-Comté. Cette invasion inattendue avait effrayé l'Europe. La Hollande, quoique alliée de la France, voyait avec crainte un si redoutable voisin. L'empereur d'Allemagne se préparait à la guerre. La Suède redoutait l'alliance de la France avec le Danemark, et l'opinion publique en Angleterre s'associait avec enthousiasme aux alarmes du continent. Le roi, obligé de se soumettre à ces manifestations, chargea sir William Temple, homme dont le patriotisme égalait la capacité, de conclure le traité de la *Triple alliance*, qui opposait à la France les forces réunies de l'Angleterre, de la Suède et de la Hollande. Mais Charles n'avait cédé qu'à contre-cœur à cette politique. Il s'apercevait tous les jours davantage que sa cause n'était pas celle de la nation, et qu'il ne pouvait régner qu'en s'appuyant sur une force étrangère qui lui donnât les moyens de dompter ses ennemis intérieurs et de se passer, par la suite, de la représentation nationale.

Pour l'exécution d'un plan aussi dangereux, il fallait qu'il eût recours à tous ces moyens que la ruse invente, que la politique admet, mais que la morale réprouve toujours.

Les gouvernemens qui ne sont ni assez populaires pour gouverner par l'union des citoyens, ni assez forts pour les maintenir tous dans une oppression commune, ne peuvent se soutenir qu'en alimentant la discorde entre les partis.

Charles II, qui avait d'abord persécuté lui-même les non-conformistes, les livra ensuite aux persécutions des anglicans, afin, disait-il, qu'ils sentissent mieux le repos dont ils jouiraient si les catholiques avaient le dessus (1).

Il se félicitait de ses premiers succès dans cette voie tortueuse en disant à lord Essex : « *J'ai si bien* » *allumé la guerre entre le clergé anglican et les non-* » *conformistes, qu'ils ne s'aviseront pas désormais de* » *s'unir ensemble pour combattre mes desseins* (2). »

Mais la perversité, quelque habile qu'elle soit, a

---

(1) Mazure, tom. I, pag. 88.
(1) Boulay (de la Meurthe), tom. I, pag. 133.

tort de se vanter de ses victoires passagères ; car, en dernier lieu, c'est la justice seule qui triomphe.

Les espérances de Charles ne [se réalisèrent pas dans la suite. La crainte de dangers communs, l'antipathie mutuelle envers les catholiques, engagèrent les non-conformites à se réunir aux anglicans pour résister aux empiétemens du pouvoir, et dès lors les embarras s'accrurent et l'opposition devint menaçante.

Dans le parlement de 1670, lord Lucas fit entendre cette accusation : « On avait tout espéré, s'écriait-il, » du rétablissement du roi ; les sujets devaient être » soulagés, la nation devait être heureuse et floris- » sante ; et au lieu de cela, jamais les charges n'ont » été si pesantes, et la force réelle, la gloire de l'An- » gleterre, diminuent de jour en jour (1). »

Charles II avait signé le traité de la triple alliance avec la ferme intention de ne pas y rester fidèle et d'abandonner lâchement ses alliés. L'empereur d'Allemagne lui avait offert d'entrer avec lui dans cette alliance contre la France, et il avait refusé. Le duc de Lorraine lui avait fait la même offre ; et lorsque

---

(1) Boulay (de la Meurthe), tom. I, pag. 135.

celui-ci, attaqué et dépouillé par la France (1) à cause de cette offre, lui fit demander son assistance, il dit froidement que *c'était un malheur qu'il fallait supporter.*

Le roi a déjà divisé ses ennemis en les excitant entre eux; maintenant le comble de sa coupable habileté sera de faire conclure des traités honteux par des hommes populaires, et de combattre le protestantisme avec des protestans. Dans ce but, il aura toujours une double politique et un double conseil. Il combattra en dessous les mesures prises ostensiblement par ses ministres, fera retomber sur eux toute la responsabilité des embarras qu'il aura lui-même suscités, et rendra nulles à l'extérieur toutes les négociations de ses ambassadeurs, en s'arrangeant directement, par des agens secrets, avec les ennemis de son pays. Par le charme décevant de ses paroles, il obtiendra le concours d'hommes nationaux à ses vues anti-nationales, ce qui lui donnera le double avantage de cacher la perfidie de ses projets par l'instrument dont il se servira, et de dépopulariser les hommes qui, dans l'opposition, seraient de dangereux chefs de parti.

(1) Louis XIV s'empara en quinze jours de la Lorraine, 1670.

C'est ainsi que Charles II fait présenter au parlement, en 1670, par le garde du grand sceau, Bridgeman, une demande de subsides, alléguant la nécessité d'armer contre la France et de soutenir la cause protestante, tandis qu'à l'insu de ce ministre il fait, dans le même temps, assurer Louis XIV que sa flotte n'agira qu'avec la sienne, et qu'il n'augmente son armée de terre que pour maintenir les mauvaises passions de son pays, et y rétablir le catholicisme.

C'est ainsi qu'il use ou dépopularise tous les hommes qu'il emploie; c'est avec la même duplicité qu'il va se servir de sir William Temple.

Mais il est un homme qui ne se laissera pas jouer par le roi, et qui se vengera par une éclatante popularité et une véhémente opposition de la participation qu'il aura prise à un pouvoir méprisable; c'est Ashley Cooper, comte de Shaftsbury, qui fut à la fois, sous ce règne, l'auteur des mesures les plus impopulaires et l'instigateur le plus fervent de la résistance des chambres et des lois les plus favorables à la liberté (1).

(1) C'est à lui qu'on doit la loi de l'*habeas corpus*, qui passa dans la session de 1679.

Cependant Louis XIV ayant promis au roi deux cent mille livres sterling par an, à condition que l'Angleterre aidât la France à la conquête de la république des Provinces-Unies, la guerre, pour la seconde fois, fut déclarée à la Hollande en 1672.

Fort de cette alliance, Charles fait revivre les lois martiales qui avaient été formellement abolies par la pétition des droits; il fixe des peines sévères contre les discours séditieux, et a recours à une nouvelle perfidie pour tromper le sentiment populaire. Les non-conformistes qu'il a persécutés et ensuite fait persécuter par les anglicans, il veut avoir l'air maintenant de les prendre sous sa protection, et publie un acte de tolérance qui n'a pour but que de favoriser le catholicisme.

Le parlement convoqué en 1673 s'irrite au plus haut point de cette mesure, et représente au roi qu'il n'a pas le droit de suspendre les lois, que l'acte de tolérance n'a pu être promulgué sans le consentement du parlement. Pour donner le change à ces remontrances, Shaftsbury a beau déployer toute son éloquence pour faire ressortir la nationalité de la guerre contre la Hollande, les chambres reviennent à l'exposition de leurs griefs, et d'ailleurs tous les cœurs anglais battaient déjà en faveur du jeune prince d'Orange, qui avait arrêté Louis XIV en opposant à ses armes victorieuses l'empereur, l'empire et l'Espagne.

La position du gouvernement était grave; on donnait au roi les conseils les plus imprudens, et un coup d'état devenait à craindre; mais le caractère de Charles repoussait ces mesures extrêmes qui forcent la tyrannie à la franchise. Il se rend au parlement, se donne l'air de céder de bonne grâce, et déchire l'édit qui soulevait tant de récriminations. Shaftsbury, ministre responsable et provocateur de cet acte impopulaire, sent que toute l'animadversion publique va retomber sur lui; soudain il se retourne contre ses collègues, attaque avec toute la supériorité de son esprit et la force de son éloquence un plan de finance du grand trésorier qu'il livre à la vindicte publique, et s'élance dans l'opposition en disant qu'un roi qui s'abandonne mérite d'être abandonné.

Le ministère fut dissout, le parlement fut satisfait, et le parti national crut avoir remporté une victoire importante; cependant les ministres seuls étaient changés, la politique devait rester la même.

Le pays s'aperçut bientôt de cette vérité ; les prorogations successives des chambres lui démontrèrent que la cour redoutait l'expression du mécontentement soulevé par la guerre du continent, qui traînait en longueur.

Dans la session de 1674, les griefs de la nation se firent entendre avec force. Les communes déclarèrent entre autres choses que la religion de l'état était menacée par le mariage de l'héritier du trône avec une princesse qui ne professait pas le culte dominant ; elles demandèrent quels étaient les perfides conseillers qui avaient fait rompre le traité de la triple alliance, par qui avait été conclu le dernier traité avec Louis XIV, si c'était pour intimider le parlement qu'on faisait camper l'armée aux portes de Londres. Enfin, disaient-elles, ces subsides que nous vous avons prodigués pour soutenir la puissance de l'Angleterre contre l'ambition de la France, à quoi ont-ils servi ? et pourquoi a-t-on fait la guerre aux États-Généraux sans notre avis ?

Ces plaintes énergiques prouvèrent au roi que le moment était venu de céder encore à l'opinion publique ; personne ne savait mieux que lui dissiper l'orage par un retour simulé au désir des chambres.

L'année précédente, il avait déchiré l'acte de tolérance sans renoncer à ses projets en faveur du catholicisme ; maintenant il va proposer la paix avec l'intention formelle d'être aussi utile à Louis XIV par sa neutralité que par sa coopération ; et de même que sa concession apparente sur la religion en 1673 lui a permis de continuer une guerre impopulaire, de même la satisfaction qu'il donne en 1674 sur la politique étrangère lui permettra d'étouffer les plaintes sur les griefs intérieurs.

La paix fut conclue avec les États-Généraux, et le parlement se sépara joyeux d'y avoir contraint la cour, tant il est facile à un souverain de contenter une opposition parlementaire et de faire croire à sa bonne foi en trompant par ses promesses.

Pendant les quatre années qui s'écoulèrent jusqu'à la paix de Nimègue, les intrigues politiques de tout genre affligèrent l'Angleterre. D'un côté, le roi achetait les votes et les consciences, et éloignait tant qu'il pouvait les sessions du parlement, afin de ne pas être forcé à une politique plus active contre la France ; de l'autre, Louis XIV soldait de ses deniers et le roi et l'opposition des chambres, afin que les divisions intestines maintinssent l'Angleterre dans sa dépendance. L'honneur du pays était ainsi à l'encan, et au milieu de cette corruption générale, l'intérêt national n'était plus qu'un navire battu par tous les vents, qui, sans gouvernail et sans pilote, n'a d'espoir que dans les flots qui le pousseront au port.

Cependant l'inaction du gouvernement dans les affaires du continent excitait la défiance du peuple; le roi offrit aux parties belligérantes sa médiation pour la paix, avec l'arrière-pensée de faire tourner cette médiation toute en faveur de la France. Pour mieux faire croire à la nationalité de ses projets, Charles II chargea encore sir William Temple d'aller à La Haye comme ambassadeur extraordinaire.

Ce ministre, véritable homme de bien, réfléchissant sur le malheureux succès du traité de la triple alliance, voulut, avant d'accepter cette nouvelle mission, connaître toute la pensée du roi et lui faire entendre la vérité. Il blâma la marche du gouvernement à l'intérieur comme à l'extérieur; il déclara au roi qu'il ne pouvait résister au vœu national, et que ses troupes lui seraient insuffisantes à cet effet; enfin, il lui cita ce propos bien connu d'un homme pour qui Charles avait beaucoup d'estime : « Qu'un

» roi d'Angleterre serait le plus grand des rois s'il
» voulait être l'homme de son peuple ; mais qu'il
» ne serait rien s'il voulait être quelque chose de
» plus (1). » Le roi, qui savait mieux que personne
couvrir sa dissimulation par les dehors de la franchise et l'abandon le plus gracieux, lui répondit en lui serrant la main : « Allez, partez ; je veux être
» l'homme de mon peuple (2). »

Temple, convaincu, partit et fut indignement trompé. C'est ici l'endroit de remarquer combien il est à regretter que les hommes qui ont dans le cœur un grand amour pour la patrie, un grand désir de la voir puissante et respectée, consentent à servir un gouvernement qui les fait des instrumens de ses projets honteux. Fiers de leur capacité et de leur bon vouloir, ils croient qu'en entrant dans les affaires, ils pourront donner une nouvelle marche à la politique ; mais leur volonté se brise contre une résistance plus forte. Ils ne sauvent pas le pouvoir qu'ils servent, et en le servant ils trahissent, sans le vouloir, la cause qu'ils voudraient faire triompher.

(1) Hume, tom. X, pag. 73.
(2) Mazure, tom. I, pag. 139.

Les négociations furent ouvertes et rompues plusieurs fois jusqu'en 1677, suivant les différentes chances de la guerre; mais lorsque Louis XIV, qui avait lutté avec succès contre presque toute l'Europe, eut en six semaines pris les trois plus grandes places fortes des Pays-Bas, cette nouvelle conquête alarma l'Angleterre, et le parlement demanda qu'on fît une alliance offensive et défensive avec les états-généraux.

A cette époque, le prince d'Orange vint en Angleterre pour arracher Charles II à l'influence de la France.

Le roi le reçut avec empressement, lui donna sa nièce en mariage, et lui promit de déclarer la guerre à la France s'il n'obtenait pas pour la Hollande une entière satisfaction. Mais en même temps il faisait avertir Louis XIV par son ambassadeur qu'il ferait tous les sacrifices possibles pour rester en paix avec lui; « car, disait-il à Barillon, j'aime mieux dépendre » du roi votre maître, que de mon peuple (1). »

Ainsi prévenu, Louis XIV élude toutes les feintes menaces des ambassadeurs, augmente ses prétentions et poursuit ses conquêtes.

Cependant le roi assemble de nouveau le parle-

(1) Mazure, *Histoire de la Révolution de* 1688, tom. I, pag. 201.

ment le 15 janvier 1678, parle du danger où se trouve la Hollande, obtient deux millions de livres sterling de subsides pour armer quatre-vingts vaisseaux, lève en six semaines vingt mille hommes et les envoie en Flandre. Temple concerte avec les Provinces-Unies des mesures rigoureuses contre la France. En six jours, cet habile négociateur conclut un traité qui oblige l'Angleterre à déclarer la guerre, si Louis XIV ne s'engage pas à abandonner dans deux mois la Flandre et la Belgique. On s'apprête à renouveler la lutte en Angleterre et en Hollande. La nation croit que son honneur va être vengé et ses intérêts dignement pris à cœur; mais bientôt on apprend que tout est changé, que, par l'entremise d'un agent subalterne, Charles s'est entendu avec les puissances, que Temple a été trompé, l'Angleterre trahie, et que les cours de France, de Suède et d'Angleterre sont tombées d'accord à Nimègue sur les conditions de la paix.

Six millions, en effet, avaient acheté la neutralité de Charles, la promesse de ne point rassembler le parlement pendant six mois et de licencier l'armée.

Le traité de Nimègue (1678) conservait à la France presque toutes ses conquêtes; il blessait également les intérêts de la Hollande, de l'Espagne, de l'Allemagne et de l'Angleterre. Charles II eût pu être l'arbitre de l'Europe, il préféra être le tributaire et l'esclave de Louis XIV.

La connaissance de ce traité irrita profondément la nation anglaise. Elle se disait : Voilà donc le résultat de tous nos sacrifices depuis dix-huit ans. Les sommes immenses que nous avons votées pour l'équipement de nos flottes et pour le maintien d'une aussi grande armée de terre n'ont servi qu'à notre déshonneur et à la perte de notre influence en Europe.

Tandis que l'Espagne, la Hollande, l'empire et les princes d'Allemagne, dit Hume, appelaient l'Angleterre à « haute voix pour les conduire à la victoire,
» à la liberté, et tendaient à la rendre plus glo-
» rieuse qu'elle n'avait jamais été, son roi, par de
» vils motifs, l'avait secrètement vendue à Louis XIV
» et s'était laissé corrompre pour trahir les intérêts
» de son peuple (1). »

Ce fut le moment le plus glorieux du règne de Louis XIV et le plus humiliant du règne de Charles II, car le roi de France ne lui donnait rien pour l'An-

---

(1) Hume, tom. X, pag. 61.

gleterre en échange de sa condescendance; au contraire, il mettait des droits sur les marchandises anglaises, ce qui était alors une innovation (1), et interdisait le commerce des vaissaux anglais avec le commerce de Gênes (2) ; ce qui prouve que la lâcheté ne profite jamais.

La paix de Nimègue avait terminé les différends de la Grande-Bretagne avec le continent; mais Charles n'était pas au bout de ses épreuves. Il sera jusqu'à sa mort en butte aux dédains de Louis XIV, en proie à la factieuse hostilité du parlement, et sans cesse menacé par les conspirations et les soulèvemens populaires.

Rien ne montre mieux l'état de malaise d'une société que lorsqu'un incident imprévu et léger en lui-même vient tout-à-coup éveiller tous les esprits, exalter toutes les passions et amener des résultats que, dans des temps ordinaires, les plus grands événemens seuls seraient capables de produire.

La protection accordée au parti catholique par le roi, avec tant de persévérance et de dissimulation, avait inspiré une telle crainte et une telle méfiance à

---

(1) Hume, tom. X, pag. 397.
(2) Mazure, tom. I, pag. 371.

la nation, qu'un jour elle écouta avec une faveur marquée et une crédulité surprenante un homme vulgaire et de mœurs impures qui vint dérouler les improbables secrets d'un complot papiste contre le pays et l'état, et cette vague déclaration, qui ne reposait que sur le dire d'un homme sans foi, conduisit à l'échafaud lord Stafford et d'autres victimes de cette infernale machination.

Puis, lorsque cet orage fut passé, les conspirations du parti populaire commencèrent et allèrent chercher leurs chefs parmi les anciens ministres du roi, et jusqu'à son propre fils, et lord Russell, et Sidney, et tant d'autres, payèrent de leur tête ce désir trop hâtif de la liberté.

Puis enfin le roi crut que la décomposition sociale était parvenue à un terme qui lui permit d'exécuter le projet qu'il méditait depuis vingt ans. Il cassa le parlement à Oxford, et régna sans contrôle.

S'il manquait de faits patens pour juger Charles II, on aurait déjà une juste idée de sa funeste influence en considérant comment il employa les hommes qui le servirent et comment il les sacrifia toujours aux intérêts mobiles du moment. Clarendon, auquel il devait en grande partie sa couronne, est abandonné par lui à l'animadversion du parlement et exilé. Charles néglige le vertueux Ormond, abuse du dévouement de Temple, et vers la fin de son règne, c'est à Jeffreyes qu'il donne avec affection (1) des marques de sa confiance, parce que ce chef de justice possédait l'utile talent de plier et de torturer les lois à toutes les iniquités. Et comme c'est le propre de tout gouvernement de communiquer à tous ceux qui le servent son reflet et sa couleur, Charles II rapetissait tous les hommes, et flétrissait, par ses missions, des caractères qui, mieux employés, eussent fait de grands citoyens. C'est ainsi qu'il envoya Churchill à Louis XIV pour stipuler le prix de sa dépendance; et ce même Churchill, alors négociateur d'un ignoble traité, c'était Marlborough, dont Guillaume III et la reine Anne surent mieux employer les talens pour la gloire de leur pays!

Charles II maintint pendant vingt-cinq ans un pouvoir qui avait commencé au milieu des acclamations bruyantes de la joie, et qui finit au milieu du silence d'une morne douleur. Elle est triste l'histoire d'un règne qui ne se signale que par des pro-

(1) Il le combla d'honneur et lui donna une bague avec affection, lorsqu'il partait pour présider des jugemens iniques.

cès politiques et des traités honteux, et qui ne laisse après lui au peuple qu'un germe de révolution, et aux rois qu'un exemple déshonorant.

« On se demande, dit M. Boulay (de la Meurthe),
» comment un règne si honteux put durer si long-
» temps? C'est, ajoute-t-il, que le souvenir de l'épo-
» que précédente était encore trop général et trop
» vif, et que le parti royaliste, d'ailleurs nombreux,
» puissant et bien uni, en profitait habilement ; c'est
» que les amis de le liberté, quoique bien plus nom-
» breux, ne furent jamais d'accord ni sur les moyens
» à employer ni sur le but de leurs efforts ; c'est
» que les transactions les plus odieuses de Charles
» furent ignorées de son vivant ; c'est que sa fausseté
» couvrait la perfidie de ses vues ; c'est que sa lâ-
» cheté le fit reculer plus d'une fois à propos devant
» l'orage prêt à l'écraser. »

Charles II mourut en 1685. « Il y a eu, dit encore
» Boulay (de la Meurthe), des princes plus méchans
» et plus sanguinaires que lui, sans doute, mais au-
» cun peut-être qui ait porté plus loin le mépris de
» ses devoirs et de sa dignité. Au dehors il aurait
» pu remplir un rôle important et glorieux ; il lui
» suffisait pour cela de profiter des circonstances et

» de répondre au noble élan de la nation. Au dedans
» il se trouva souvent, il est vrai, dans une posi-
» tion si embarrassante, que, quoi qu'il fît, il lui
» était difficile de ne pas exciter beaucoup de mécon-
» tentement ; mais la difficulté de cette position était
» en grande partie son propre ouvrage. Il ne faut
» pas oublier que, rappelé par l'immense majorité de
» la nation, et sans le secours d'aucune force étran-
» gère, il se trouvait à son retour investi d'une con-
» fiance et d'un pouvoir plus que suffisans pour cal-
» mer ce qu'il y avait encore d'aigreur et réconci-
» lier tous les esprits. Il ne lui fallait pour cela qu'un
» peu de sagesse dans les vues, un peu de généro-
» sité dans le caractère, un peu de franchise et de
» fermeté dans la conduite. »

« Personne, dit Temple dans ses mémoires, n'é-
» tait plus aimable et d'un accès plus facile ; loin
» d'être imposant ou réservé, il n'avait pas le moin-
» dre levain d'orgueil ni de vanité. C'était le plus af-
» fable et le plus civil des hommes. Il traitait moins
» ses sujets comme des vassaux et des tenanciers que
» comme autant de seigneurs, de gentilshommes et
» de particuliers libres. Le tour de ses complimens
» était plausible, et toutes ses manières engageantes.

» Il prenait de l'empire sur les cœurs, dans le temps
» même qu'il perdait l'estime de ses sujets; et sou-
» vent il les mettait dans l'incertitude entre leur ju-
» gement et leur inclination (1). »

Mais M. de Chateaubriand peint plus philosophiquement que tout autre, dans ses *Mélanges historiques*, le règne de Charles II. « Ce prince, dit ce
» grand écrivain, fut un de ces hommes qui se pla-
» cent quelquefois entre deux périodes historiques,
» pour finir l'une et commencer l'autre, pour amor-
» tir les ressentimens, sans être assez forts pour
» étouffer les principes; un de ces princes dont le
» règne sert comme de passage ou de transition aux
» grands changemens d'institutions, de mœurs et
» d'idées chez les peuples; un de ces princes tout ex-
» près créés pour remplir des espaces vides, qui,
» dans l'ordre politique, séparent souvent la cause de
» l'effet. »

(1) Hume, tom. X, pag. 148.

CHAPITRE IV.

CONCLUSION.

CONCLUSION.

Résumons dans ce dernier chapitre les causes de la décadence des Stuarts et de la grandeur de Guillaume III.

Les descendans de l'infortunée reine d'Ecosse avaient reçu de la nature des qualités brillantes : ils possédaient même cette affabilité de manières qui séduit les cœurs ; Guillaume était sec, froid, réservé.

Le règne des Stuart commença toujours sous les plus heureux auspices, tout semblait leur sourire. Guillaume, au contraire, fut dès les premiers jours entouré de dangers et de difficultés sans nombre. Pourquoi les premiers tombèrent-ils avec tant de chances de succès, tandis que le second triompha avec tant de chances de mort ?

Les Stuart arrivèrent au trône à une époque où les progrès de la civilisation avaient divisé l'Angleterre en deux classes distinctes : les intérêts anciens, forts de la consécration du temps ; les intérêts nouveaux, forts de l'ascendant de la raison.

Au lieu d'allier ces deux intérêts nationaux, ils ne soutinrent que les anciens droits et commencèrent la lutte. Cependant le bien général ne pouvait résulter que de la fusion intime de ces deux causes ; et comme toute fusion a besoin de feu pour se produire, le feu de la guerre civile se chargea d'accélérer, sous les Stuart, un résultat que Guillaume obtint par le feu du patriotisme et du génie.

Les Stuart se trouvaient toujours dans une position fausse. Représentans officiels du protestantisme, ils étaient catholiques au fond du cœur. Représentans obligés d'un système de liberté et de tolérance, ils étaient absolus par instinct. Représentans des intérêts anglais, ils étaient dévoués ou vendus à la France.

Guillaume, au contraire, était véritablement, par nature et par conviction, ce qu'il représentait sur le trône.

Par la manière dont le prince d'Orange établit son

autorité, il devait avoir un avantage marqué sur les Stuart. Ce n'était pas Charles Ier et Jacques II, héritant d'un pouvoir déjà déconsidéré et avili ; ce n'était pas non plus Charles II, appelé par l'accord momentané de partis opposés, obligé d'être, ou leur jouet ou leur oppresseur. C'était le fondateur d'un nouvel ordre de choses dont l'établissement avait été hâté par son courage et son habileté.

L'origine d'un pouvoir influe sur toute sa durée, de même qu'un édifice brave les siècles ou s'écroule en peu de jours, suivant que sa base est bien ou mal assise.

Et remarquons ici qu'en général, les révolutions conduites et exécutées par un chef (1) tournent entièrement au profit des masses ; car, pour réussir, le chef est obligé d'abonder entièrement dans le sens national, et, pour se maintenir, il doit rester fidèle aux intérêts qui l'ont fait triompher ; tandis qu'au contraire, les révolutions faites par les masses ne profitent souvent qu'aux chefs, parce que le peuple croit le lendemain de sa victoire son ouvrage achevé,

---

(1) Il est clair que je ne parle que des révolutions qui ont lieu dans les pays libres, où la force morale a plus d'empire que la force physique.

et qu'il est dans son essence de se reposer long-temps de tous les efforts qu'il lui a fallu pour vaincre.

Ainsi donc, Guillaume III, qui, par son illégitimité, repoussait toute solidarité avec les règnes précédens, qui, par sa personne et ses hauts faits, était le chef de sa cause et de la révolution, qui, enfin, par son élection libre, avait acquis un droit incontestable, avait posé profondément dans le sol anglais les bases de son trône.

Considérons maintenant la conduite personnelle de ces différens souverains.

Les Stuart avaient du courage, de l'esprit, de la persévérance ; mais ils employaient ces qualités à s'opposer aux besoins de leur peuple et au rebours des circonstances.

Ils résistaient là où il fallait céder, et ils cédaient là où la résistance était un devoir.

Ils n'avaient de persévérance que dans leur haine, jamais dans leur affection, et une fois entraînés dans la voie des révolutions, ils manquèrent toujours de cette vertu qui seule peut sauver dans les grands périls, l'élan du cœur.

On peut gouverner une société tranquille et régulière avec les seuls dons de l'esprit ; mais lorsque la violence a remplacé le droit, et que la marche méthodique de la civilisation a été rompue, un souverain ne rattrape le chemin qu'il a perdu qu'en prenant de ces grandes et subites résolutions que le cœur seul inspire.

Lorsque Charles Ier, résistant au torrent révolutionnaire, était bloqué dans Oxford, en 1644, par l'armée parlementaire, ce n'était pas en discutant minutieusement les prérogatives de la couronne et les droits du parlement qu'il pouvait regagner son influence perdue, mais en prenant une de ces grandes décisions qui étonnent par leur audace et plaisent par leur grandeur même, comme, par exemple, de se jeter dans Londres, seul, de sa personne, en se confiant à la générosité du peuple (1).

Lorsque Jacques II apprit les projets hostiles du prince d'Orange, ce n'était pas en implorant le secours de Louis XIV qu'il pouvait raffermir sa

---

(1) Les craintes de nos ennemis nous montrent quelquefois mieux que nos propres sentimens nos véritables intérêts. En 1644, le parlement crut que le roi avait l'intention de venir se mettre dans Londres à la tête du peuple de la Cité, qui lui était dévoué ; il fut saisi d'une terreur panique, et prit les mesures les plus énergiques pour empêcher Charles Ier de réaliser un projet que d'ailleurs il n'eut jamais. Voyez **Guizot**, tom. II, pag. 44.

couronne, mais en faisant appel à la fidélité d'un parlement libre, et en tenant au pays ce langage élevé qui vibre si bien du haut d'un trône.

Une lutte ne peut se soutenir qu'à armes égales, et, lorsque, dans le tourbillon des révolutions, le vice et la vertu, la vérité et l'erreur se confondent par leur emportement mutuel, ce n'est que par les passions généreuses de l'âme qu'on dompte les passions haineuses des partis.

Mais les Stuart avaient sur les lèvres ce que Guillaume avait dans le cœur; ils possédaient cette politesse du vice qui imite les vertus qu'on n'a pas, tandis que Guillaume avait cette rudesse de la vertu qui dédaigne tout fard et tout éclat d'emprunt.

Le protestantisme était devenu, en Angleterre, depuis le seizième siècle, l'emblème de tous les intérêts nationaux. Pour être puissans à l'intérieur comme à l'extérieur, les Stuart n'avaient qu'à se mettre partout franchement à la tête de cette cause; loin de là, ils l'abandonnèrent au dehors et mirent tous leurs efforts à la dompter au dedans.

Mais il n'y a jamais eu, chez les peuples libres, de gouvernement assez fort pour réprimer long-temps la liberté à l'intérieur sans donner de gloire au dehors. Aussi la marche du gouvernement des Stuart se manifestait par des contradictions journalières qui violaient tantôt les règles de la justice, tantôt les règles de la politique.

Charles Ier, tout en abandonnant en Europe la cause protestante, ne pouvait empêcher qu'on ne recrutât chez lui des partisans et des soldats pour Gustave-Adolphe, ce héros du protestantisme.

Charles II était obligé, pour satisfaire à l'opinion publique, de donner sa nièce au prince d'Orange, chef de la ligue protestante.

Jacques II, quoique catholique et persécuteur, fut contraint à donner asile aux victimes de la révocation de l'édit de Nantes.

De sorte que les Stuart réveillaient sans cesse les sympathies en faveur de la cause qu'ils voulaient sacrifier, et leur protection, loin d'être un signe de leur générosité, était une preuve de leur faiblesse et de leur lâcheté.

Mais on ne viole pas impunément la logique populaire. Maintenir la paix en réveillant des symboles de guerre ; protéger les persécutés en faisant cause commune avec les persécuteurs ; charger le peuple d'impôts, pour faire assister les flottes et l'armée à des traités honteux; resserrer journellement tous les ressorts du pouvoir, sans même garantir le repos public; voilà les inconséquences dont le peuple, tôt ou tard, devait leur demander compte.

Toujours en état d'hostilité envers la nation, les lois et les hommes, les choses les plus saintes comme les plus profanes étaient, dans la main des Stuart, des armes qu'ils employaient tour à tour pour attaquer ou pour se défendre.

Se servant des ministres protestans pour rétablir le catholicisme, et envoyant les catholiques à l'échafaud; se servant des hommes politiques pour abaisser le parlement, et les abandonnant ensuite aux vengeances parlementaires, ils étaient constamment entravés dans leurs projets, constamment entraînés dans une voie opposée à leurs désirs, et avaient l'air de ne pas avoir de but parce qu'ils n'osaient pas avouer le leur.

Les Stuart ne cherchaient jamais par l'application de quel grand principe, par l'adoption de quel grand système ils pouvaient assurer la prospérité et la grandeur de leur pays, mais par quels expédiens mesquins, par quelles intrigues cachées ils pouvaient soutenir leur pouvoir; toujours dans l'embarras.

Ils ne cherchaient jamais *par quoi,* mais *par qui* ils pouvaient se maintenir, mettant ainsi toujours l'intérêt privé à la place de l'intérêt général, les questions de personnes à la place de questions de principes, et l'intrigue à la place de hautes conceptions politiques.

Guillaume, au contraire, mettait sous ses pieds tous les obstacles, et faisait concourir toutes les opinions diverses comme tous les individus opposés à un seul but, l'intérêt du pays.

Les Stuart ne faisaient la guerre que pour soutenir par un peu de gloire leur pouvoir chancelant.

Guillaume la faisait pour accroître l'influence de l'Angleterre. Après des défaites, les Stuart demandaient la paix ; Guillaume ne l'acceptait qu'après la victoire.

Le plus grand reproche qu'on puisse faire aux deux derniers Stuart, c'est d'avoir toujours été les esclaves de Louis XIV. Lorsqu'ils se trouvaient dans l'embarras, ils en appelaient à l'appui étranger, oubliant qu'on pardonne tout à un souverain, excepté de ne pas être de son pays.

Tous les hommes, grands et petits, placent leur honneur quelque part. Les Stuart le plaçaient comme une relique dans l'arche sainte des prérogatives royales. Guillaume plaçait le sien dans la fierté nationale.

Dans cette vie, tous les hommes sont plus ou moins acteurs ; mais chacun choisit son théâtre et son auditoire, et met tous ses efforts comme toute son ambition à obtenir le suffrage de ce parterre de son adoption ; semblables à Alexandre, qui, sur les bords de l'Indus, pensait à l'approbation des Athéniens comme à la plus belle récompense de ses travaux.

Les Stuart n'ambitionnaient que l'éloge d'une faction et d'un souverain étranger. Guillaume, au contraire, mettait sa gloire à mériter l'approbation de la postérité.

Tandis que les premiers ne savaient pas profiter des biens de la terre sous un ciel sans nuages, le second savait récolter pendant l'orage.

Les Stuart rassemblaient le parlement pour le tromper, Guillaume pour le convaincre. Les premiers cassaient ou prorogeaient les chambres toutes les fois qu'elles parlaient d'honneur national ou de liberté ; le second les cassait lorsqu'elles étaient animées de passions réactionnaires ou de sentimens opposés à la gloire du pays.

Les Stuart régnaient par la dissimulation et l'intrigue; Guillaume gouvernait par la franchise. Les Stuart faisaient toujours grand bruit de leurs alarmes, pour cacher leurs coupables espérances. Guillaume avouait hautement ses espérances, pour dissiper les alarmes.

Pendant que les Stuart hésitaient, Guillaume marchait.

Pendant que les Stuart, dominés par la foule, ne voyaient autour d'eux que confusion, Guillaume avait déjà aperçu le but, s'y était élancé et avait entraîné la foule après lui.

L'exemple de ces malheureux rois prouve que lorsqu'un gouvernement combat les idées et les vœux d'une nation, il ne produit que des résultats opposés à ses projets.

Les Stuart voulaient rétablir le catholicisme; ils l'anéantirent pour des siècles en Angleterre. Ils voulaient relever la royauté; ils la compromirent. Ils voulaient assurer l'ordre, et ils n'amenèrent que bouleversemens sur bouleversemens. Il est donc vrai de dire que :

Le plus grand ennemi d'une religion est celui qui veut l'imposer; le plus grand ennemi de la royauté, ce-

lui qui la dégrade ; le plus grand ennemi du repos de son pays, celui qui rend une révolution nécessaire.

Guillaume III réussit à fermer le gouffre des révolutions et à assurer les destinées de l'Angleterre, par cela seul que sa conduite fut tout l'opposé de celle des Stuart; car s'il eût suivi les mêmes erremens et marché sur les mêmes traces, il eût compromis tout ce qu'il consolida.

Considérons en effet ce qui serait résulté si le prince d'Orange, après avoir détrôné Jacques II et violé le principe d'hérédité, eût accepté la couronne du dernier parlement de Jacques II, et qu'au lieu de convoquer une convention nationale, expression libre de la volonté populaire, il n'eût ainsi tenu son autorité que d'une assemblée bâtarde qui n'avait aucun droit de la lui donner.

Supposons qu'au lieu de déchirer les traités des Stuart, il eût imploré comme eux l'appui et la bienveillance d'une puissance étrangère.

Supposons qu'au lieu de soutenir, les armes à la main, la cause protestante sur le continent, il l'eût abandonnée.

Supposons que, sans venger l'Angleterre de tous les affronts qu'elle avait reçus, il eût conservé dans

Londres une armée permanente plus nombreuse que les troupes de Jacques II, pour intimider le parlement et pour subir des humiliations étrangères; qu'au lieu de poursuivre un grand but, il n'eût fait, comme les Stuart, que des expéditions inutiles, pour tromper l'ardeur militaire et faire diversion à l'opinion publique.

Supposons qu'au lieu de s'appuyer sur des intérêts généraux il eût blessé également les intérêts anciens et les intérêts nouveaux; qu'il eût été comme les Stuart parjure et aux hommes qui l'avaient secondé et aux promesses qu'il avait sanctionnées dans son manifeste; qu'au lieu de tenir aux chambres un langage plein de dignité, il n'eût fait appel qu'aux sentimens vulgaires, qu'aux passions basses et aux craintes de l'anarchie, revendiquant avec elles la responsabilité des actes tyranniques des règnes précédens (1).

Supposons enfin, qu'au lieu d'assurer la cause de la révolution de 1688, il l'eût trahie; qu'au lieu de relever le nom anglais, il l'eût avili; qu'au lieu de

---

(1) Si, par exemple, le parlement eût revendiqué la responsabilité de l'assassinat juridique de lord Russell et Sidney, au lieu de réhabiliter leur mémoire comme il le fit.

soulager le peuple, il l'eût accablé d'impôts, sans augmenter ni sa gloire, ni son commerce, ni son industrie ; qu'il eût restreint les libertés, sans même garantir l'ordre public. Certes, une nouvelle révolution serait devenue une impérieuse nécessité. Car les sociétés ne subissent pas ces bouleversemens qui compromettent souvent leur existence, pour changer de chef seulement ; elles s'ébranlent pour changer de système, pour guérir leurs souffrances ; elles réclament impérieusement le prix de leurs efforts, et ne se calment que lorsqu'elles l'ont obtenu.

Guillaume III satisfit aux exigences de son époque et rétablit la tranquillité publique ; mais s'il eût suivi la politique des Stuart, il eût été renversé, et les ennemis de la nation anglaise, en voyant encore de nouveaux besoins de changemens, eussent accusé le peuple d'inconséquence et de légèreté, au lieu d'accuser les gouvernans d'aveuglement et de perfidie ; ils eussent dit que l'Angleterre était une nation *ingouvernable* ; ils l'eussent appelée, comme Jacques II la nomma dans ses mémoires, une *nation empoisonnée*. Mais, en dépit de ces accusations, la cause nationale, tôt ou tard, eût triomphé, car Dieu et la raison eussent été pour elle !

Disons en terminant qu'il résulte de l'étude des époques que nous avons rappelées des principes clairs, précis et applicables à tous les pays.

L'exemple des Stuart prouve que *l'appui étranger est toujours impuissant à sauver les gouvernemens que la nation n'adopte pas.*

Et l'histoire d'Angleterre dit hautement aux rois :

MARCHEZ A LA TÊTE DES IDÉES DE VOTRE SIÈCLE, CES IDÉES VOUS SUIVENT ET VOUS SOUTIENNENT.

MARCHEZ A LEUR SUITE, ELLES VOUS ENTRAÎNENT.

MARCHEZ CONTRE ELLES, ELLES VOUS RENVERSENT !

PIÈCES A L'APPUI.

I

Adresse de la haute chambre au prince d'Orange pour lui déférer le gouvernement provisoire.

Nous, lords spirituels et temporels assemblés, dans cette conjoncture, supplions Votre Altesse de se charger de l'administration des affaires publiques, tant civiles que militaires ; de prendre la disposition des revenus publics pour la conservation de notre religion, des droits, lois, libertés et propriétés, et de la paix de la nation, et de vouloir porter un soin particulier à l'état présent de l'Irlande, pour prévenir promptement le danger qui la menace.

Nous supplions aussi Votre Altesse de se charger de l'administration jusqu'à l'assemblée d'une *convention* pour le 22 janvier (2 février, style grégorien), dans laquelle nous ne doutons point que l'on ne prenne les mesures nécessaires à l'établissement de toutes choses sur un fondement sûr et légitime, afin d'empêcher qu'elles soient jamais enfreintes à l'avenir.

Donné dans la chambre des lords, à Westminster, le 25 décembre 1688 (5 janvier 1689, style grégorien) (1).

La chambre des communes fit une adresse entièrement semblable.

II

Déclaration de la convention nationale qui investit Guillaume et Marie de la royauté et limite le pouvoir royal.

Le jour pris pour la cérémonie (24 février 1689), Guillaume et Marie étant sur des siéges placés sur une estrade en forme de trône, les deux chambres en corps s'étant présentées devant eux, le clerc de la couronne lut, en leur nom, une adresse, où, après l'énumération des principaux griefs reprochés à Jacques, il était dit :

« Les pairs et les communes du royaume, rassemblés
» en corps complet et représentatif de toute la nation,
» agissant, comme leurs ancêtres l'ont fait en pareille
» circonstance, pour le maintien de leurs anciens droits,
» déclarent :

(1) Mazure, tom. III, pag. 295.

» Que de suspendre l'exécution des lois ou d'en dis-
» penser; de lever de l'argent sur les sujets, ou d'em-
» ployer l'argent accordé à un autre usage que celui pour
» lequel il l'a été; de lever ou de garder sur pied une
» armée dans le royaume en temps de paix; de créer
» des cours ou commissions pour les affaires ecclésias-
» tiques; ce sont, de la part de la couronne, lorsqu'elle
» agit ainsi sans le concours du parlement, autant de
» choses illégales et pernicieuses;

» Que c'est un droit des sujets de présenter des re-
» quêtes au roi, sans que l'exercice de ce droit puisse ja-
» mais donner lieu à aucun emprisonnement ni poursuite;
» que les élections du parlement doivent être libres; que
» la liberté des discussions ou des procédures dans le par-
» lement ne peut jamais être l'objet d'aucune délibéra-
» tion, ni d'aucune question hors du parlement;

» Que les sujets protestans peuvent avoir des armes,
» selon leurs conditions, et comme il est permis par les
» lois;

» Que la nomination et le rapport des jurés doivent se
» faire sans fraude, et que les jurés choisis pour les
» procès de haute trahison doivent avoir des terres en
» propre;

» Qu'on ne doit pas exiger des cautions excessives, ni

» imposer d'amendes exorbitantes, ni ordonner de pu-
» nitions cruelles et inusitées ;

» Que toutes promesses d'amendes ou de confiscations
» sur des particuliers, avant leur conviction, sont illé-
» gales et nulles;

» Que, pour le maintien ou la correction des lois, pour
» le redressement des abus, il doit y avoir de fréquens
» parlemens;

» Qu'ils insistent sur tous et chacun de ces articles,
» comme sur autant de droits qui leur appartiennent, et
» auxquels il n'aurait jamais dû être porté aucune at-
» teinte;

» Que, dans la confiance où ils sont que Son Altesse,
» achevant l'ouvrage qu'elle a si glorieusement com-
» mencé, les maintiendra dans tous ces droits, et les pré-
» servera de tous autres attentats contre leur religion,
» leurs lois et leurs libertés, ils ont résolu et résolvent :

» Que Guillaume et Marie, prince et princesse d'O-
» range, soient déclarés roi et reine d'Angleterre, etc.,
» pour posséder la couronne et la dignité royale pendant
» leur vie et la vie de celui des deux qui survivra, et que
» le seul et entier exercice du pouvoir royal reste dans la
» main du prince d'Orange, au nom desdits prince et
» princesse, pendant qu'ils seront tous deux en vie; et

» qu'après leur décès, ladite couronne et dignité royale
» appartiendra aux héritiers issus du corps de ladite prin-
» cesse, et, au défaut d'une telle lignée, à la princesse
» Anne de Danemark et aux héritiers issus de son corps,
» et au défaut d'une telle lignée, aux héritiers procréés
» dudit prince d'Orange;

» Qu'ils supplient le prince et la princesse d'Orange
» de vouloir l'accepter *conformément*. »

Le prince répondit : « Nous acceptons la couronne que
» vous nous offrez ; et comme je n'avais point d'autre
» intention en venant ici que de conserver votre reli-
» gion, vos lois et vos libertés, vous pouvez être assurés
» que je m'efforcerai de les maintenir, et que je serai
» toujours prêt à concourir de tout mon pouvoir à tout
» ce qui sera du bien-être et de la gloire de cette na-
» tion. »

Ainsi fut formé le contrat entre la nation et son nouveau roi ; ainsi se termina en Angleterre cette célèbre
révolution de 1688 (1).

(1) Boulay (de la Meurthe), tom. II, p. 191.

FIN.

TABLE DES MATIÈRES.

Préface... 5
Chap. Iᵉʳ. — Exposé... 9
Chap. II. — Révolution de 1688. — Jacques II. — Guillaume III. 19
Chap. III. — Politique des Stuart. — Première partie. Charles Iᵉʳ... 55
    Deuxième partie. — Charles II........................... 77
Chap. IV. — Conclusion.................................... 109
Pièces a l'appui. — 1° Adresse des chambres au prince d'Orange, pour le prier d'accepter le gouvernement provisoire; 2° Déclaration de la convention nationale qui investit Guillaume et Marie de la royauté, et limite en même temps le pouvoir royal.. 127

Imprimerie de Vᵉ Dondey-Dupré, rue Saint-Louis, 46, au Marais.

www.ingramcontent.com/pod-product-compliance
Lightning Source LLC
Chambersburg PA
CBHW060136100426
42744CB00007B/806